KB100179

유아 주도 놀이를
따라가며 끄적이다

이은희 글·그림

맘에드림

WHY NOT?
유아 주도 놀이를
따라가며 끄적이다

발행일	2020년 2월 28일 초판 1쇄 발행
	2021년 12월 7일 개정판 1쇄 발행
지은이	이은희
발행인	방득일
편 집	박현주, 허현정, 한해원
디자인	강수경
마케팅	김지훈

발행처	맘에드림
주 소	서울시 도봉구 노해로 379 대성빌딩 902호
전 화	02-2269-0425
팩 스	02-2269-0426
e-mail	momdreampub@naver.com

ISBN 979-11-89404-56-7 93370

아이는 놀면서 배운다. 가장 중요한 것은 놀이를 통해
아이는 '배우는 방법'을 배운다는 것이다.

- 오프레드 도널드슨 -

유아
주도 놀이와 행복

저는 유아교육을 시작한 지 25년 차 된 교사 이은희입니다. 저의 교육철학은 '유아가 행복해야 부모와 교사가 행복하고, 교사가 행복해야 유아와 부모가 행복하고, 부모가 행복해야 유아와 교사가 행복하다.'입니다. 이런 신념으로 유아와 25년을 함께하였습니다. 이 교육철학이 배움 공동체 구성원 모두에게 상호 영향을 주어 지금까지 행복한 유아교육을 할 수 있었습니다.

행복은 늘 저의 관심사였습니다. 그런데 2019 개정 유아중심 놀이중심 교육과정에서 놀이와 행복을 연결하고자 하는 개정 방향이 소개되자 흥분을 감출 수 없었습니다. 그래서 저는 놀이로 행복을 풀어보려고 합니다.

교사로서 보람을 느꼈을 때를 가만히 생각해보면, 부모와 소통하기 힘든 유아의 마음을 읽어 부모와 유아의 마음이 이어질 수 있게 도움을 주었을 때였던 것 같습니다. 누군가에게 도움이 된다는 것은 도움을 받는 사람뿐만 아니라 도움을 주는 사람에게도 힘이 됩니다. 그래서 저는 유아교육이 좋습니다. 우리 반 유아들과 그 부모에게 도움을 줄 수 있는 유치원 교사라는 것이 좋습니다.

이 책을 쓰게 된 동기, 그 시작은 우리 사랑이(우리 반 유아들을 지칭하는 애칭)들의 놀이를 우연한 기회에 여러 선생님 앞에서 소개하게 되었던 날인 것 같습니다. 우리 사랑이들의 놀이를 스토리로 엮어 소개한 날, 저는 제 이야기를 들어 주시던 한 선생님에게 이런 말을 들었습니다.

"근 5년 동안에 들었던 연수 중 제일 좋은 연수였어요."

그 말은 저를 춤추게 하였습니다. 선생님들에게 유아 주도 놀이에 대한 이야기로 도움을 드릴 수 있겠다는 확신이 생겼습니다. 또한 이 연수 내용을 바탕으로 좌충우돌 먼저 겪은 유아 주도 놀이 에피소드를 책으로 만든다면, '더 많은 선생님들에게 유아 주도 놀이를 소개할 수 있지 않을까?'라는 생각을 했습니다. 그 생각을 실천에 옮기면서 본 원고를 작성할 때 놀이를 소개했던 파워포인트를 띄워 놓고 선생님들 앞에서 말로 소개하듯 글로 적었습니다. 그리고 그 순간의 느낌을 담았습니다.

이 책의 내용은 정답이 아닙니다. 혹여 '이렇게 해도 돼?' 하는 생각이 든다면 참고만 하시고 선생님만의 방법으로 바꾸시는 것이 옳습니다. 교사가 잘할 수 있는 강점을 잘 살릴 수 있게 개정한 것이 바로 2019 개정 유아중심 놀이중심 교육과정의 교사 자율성과 융통성에 대한 부분입니다.

성인인 어른들도 놀이가 필요합니다. 저는 어른의 놀이인 취미 생활로 책을 발간한 경험이 있습니다. 그 경험이 이 책을 발간할 용기를 주었습니다. 그리고 그 용기로 펴낸 이 책은 유아 주도 놀이를 통한 유아의 성장 과정을 관찰한 내용을 담았습니다. 그리고 그 과정에서 유아 놀이를 관찰하고 기록하며 성장하는 교사 자신의 성장 과정도 담게 되었습니다. 저는 놀이 기록을 하는 동안 여러 가지 그리기 도구에 도전했습니다. 2부 상자 놀이 편의 그림 도구는 색연필입니다. 3부 아기 딱새 편의 그림 도구는 마카입니다. 지금은 오일 파스텔을 사용하여 유아 주도 놀이를 기록하고 있습니다.

이 책은 어렵게 쓰지 않았습니다. 아이들의 놀이 관찰 기록을 에세이처럼 정리했습니다. 제가 취미로 배운 드로잉이 재산이 되었습니다. 저는 종종 아이들의 놀이 사진을 보며 손그림을 그렸고, 그 그림들이 이 책의 스토리를 엮는 재료가 되었습니다.

그림을 그릴 때는 그릴 대상을 찬찬하게 보게 됩니다. 이런 과정은 유아 놀이를 보는 과정과 비슷합니다. 특히, 놀이 사진을 그림으로 옮겨 담으면서 놀이 관찰 시간이 배가 되었습니다.

책의 제목을 《WHY NOT? 유아 주도 놀이를 따라가며 끄적이다》라고 정하였습니다. 그 이유는 선생님들이 에세이를 읽는 것처럼 부담감 없이 다른 교사의 놀이 관찰 이야기를 읽었으면 하는 바람이 있었기 때문입니다. 또한 제목의 한 부분으로 '끄적이다'라는 말을 사용한 이유도 비슷합니다. '끄적이다'의 사전적 의미는 '되는대로 쓰거나 그리다'입니다. 유아 주도 놀이를 보이는 대로 쓰거나 그려서(찍어서) 기록한다고 생각하면 놀이 관찰과 기록에 대한 부담이 덜어질 것입니다.

놀이 관찰에 대한 부담에 앞서, 먼저 준비해야 할 것이 있습니다. 그것은 놀이에 관심을 갖고 유아 주도 놀이를 보이는 대로 쓰거나 그리거나 사진을 찍으면 그 자체가 관찰 기록이 되고, 그 과정에서 유아 주도 놀이의 의미를 발견하게 될 것입니다. 이 책 원고를 작성할 때, 딸아이의 진로 관련 과제에 표현된 글이 엄마이자 교사인 저에게 많은 힘을 주었습니다.

"나의 꿈은 교사이다. 내가 되고 싶은 교사의 모습은 자신의 일을 진심으로 즐기고 학생들과 함께하기 위해 더 많은 배움을 서슴치 않는 교사이다. 나는 우리 엄마가 그런 사람이라고 느꼈다."

앞으로도 배움과 공유를 서슴치 않는 교사가 되고 싶습니다. 아무쪼록 유치원 현장에서 많이 볼 수 있는 놀이 장면들을 이 책에 담았으니 공감해주시고, 웃어주세요. 나아가 선생님 반에 있는 비슷한 아이를 떠올려주시면 감사하겠습니다.

2021년 11월 어느 날
이 은 희

차 례

PART 3

유아 주도 놀이를 따라가며 끄적이기 _ 사랑반에 온 아기 딱새 편

PART 4
유아 주도 놀이를 따라가며 끄적인 후

유아 주도 놀이를 하기 전, 관찰과 기록을 걱정하는 교사들이 많습니다. 하지만 놀이에 빠진 유아를 애정 어린 시선으로 지켜보며 글, 그림, 메모, 사진, 동영상으로 기록하면 그게 바로 관찰 기록입니다. 비구조화 놀잇감을 통해 매일 다른 하루를 보내는 유아의 모습을 관찰 기록으로 남겨 보세요.

유아 주도 놀이를 따라가며 끄적이기 전

밀가루 놀이는 재밌어

1장 놀이를 고민하다

나만의
교육철학은 무엇일까?

저는 교육의 궁극적인 목표를 행복이라고 생각합니다. 우리는 흔히 "행복해야지!", "행복하자!", "행복하고 싶다."라고 말하곤 합니다. 그러나 행복을 이야기하면서 정작 행복의 의미를 생각해 본 적이 있었나요? 혹시 우리는 '행운'과 '행복'을 착각하고 있는 것은 아닐까요?

행운의 사전적 의미는 '복된 좋은 운수'이고 행복의 사전적 의미는 '일상생활에서 충분한 만족과 기쁨을 느껴 흐뭇한 상태'라고 합니다. 여기서 행운과 행복의 차이점은 무엇일까요?

제 생각에는 그 첫 번째는 주체성입니다. 행운은 우연성으로, 나 외의 대상에서부터 오는 좋은 운이라는 것이고 행복은 내가 일상생활에서 주체가 되어 생활하면서 만족과 기쁨을 느끼는 것입니다. 즉, 나무 밑에서 운 좋게 떨어지는 감을 입 벌려 받아먹는 것은 행운이지만 먹고 싶은 감을 골라 막대기나 바구니를 이용하여 따서 먹는 것은 행복이라고 할 수 있습니다.

두 번째는 능동성입니다. 감나무 밑에서 가만히 입 벌리고 기다리는 것과 먹고 싶은 감을 고르고 따는 것 중 어느 것이 더 재미있을까요? 물론 몸의 피로도에 따라 다를 수도 있겠지만 일반적으로 인간은 자신의 행동을 선택하고 실행할 때

비로소 살아 있음을 느낄 수 있다고 합니다.

세 번째는 만족감입니다. 떨어지는 감을 운 좋게 입 벌려 받아 먹는다 해도 다 맛있는 감일까요? 개인적 취향에 따라 감의 맛에 만족감을 느끼지 못할 수도 있습니다. 즉, 행운이 와도 그것이 만족과 기쁨으로 바로 연결이 되지 않을 수도 있다는 것입니다. 참 아쉽습니다. 그렇다면 먹고 싶은 감을 따서 먹고 있을 때 바로 옆에 잘 익은 감이 떨어진다면 일석이조겠죠! 주체성을 갖고 능동적으로 움직이다 보면 만족하게 되고 좋은 운도 따라오기 마련입니다.

한 예로 우리 사랑이들의 이야기를 해보겠습니다. 우리 사랑이들은 유치원 주변의 오디와 꽃 사과가 채 익기 전부터 따서 먹으며 너무 맛있다고 이야기를 했습니다. 그리고 저에게 그 오디와 꽃 사과를 먹어보라고 건넸습니다. 맛있었을까요? 물론 달콤한 맛도 있었지만 아직 덜 익은 떫은맛도 있었습니다. 그런데 우리 사랑이들은 맛있다며 실외놀이를 하다 중간중간 교실로 들어갈 때마다 따먹었습니다. 왜 이런 일이 벌어질까요? 만약 아직 덜 익은 오디나

꽃 사과를 시장에서 사 와 먹으라고 했으면 아이들은 여전히 맛있다고 잘 먹었을까요?

저는 행복의 주체성과 유아 주도 놀이의 상관성을 엮어 놀이를 통해 '행복해지는 방법'을 스스로 찾을 수 있는 기회를 주고 싶었습니다. 그렇게 되면 어른이 된 후에도 '행복해지는 방법'을 몸이 기억하여 찾아내지 않을까요? 이런 마음으로 유아 주도 놀이에 대한 저의 교육철학을 정리하게 되었습니다.

놀이를 관찰하는
교사의 마음가짐

유아의 놀이를 관찰하다 보면 교육적 개념을 넣어주고자 교사가 놀이를 제안하고 자꾸 개입하여 놀이의 주도가 바뀌는 경우가 있습니다. 이럴 때 똑똑한 우리 아이들은 교사의 제안을 들어주고 따라해주며 노는 척해줍니다. 그러고 나서는 이렇게 말하죠! "선생님! 이제 언제 놀아요?"

그래서 저는 '부탁'과 '요구'라는 단어의 차이점으로 교사의 마음가짐을 설명하려고 합니다. 저의 경험으로 예를 들겠습니다. 유치원에서 일을 마치고 집에 들어갔더니 집안일이 너무 많이 밀려 있었습니다. "여보, 설거지 좀 해줘요." 말했습니다. 하지만 남편도 바쁜지 설거지를 하지 않았습니다. 그때 화가 났습니다. 그럼 저는 남편에게 부탁을 한 것일까요? 요구를 한 것일까요? 반대로 화가 나지 않는 날도 있었습니다. 그때 저는 부탁을 한 것일까요? 요구를 한 것일까요?

네, 맞습니다. '부탁'은 거절당해도 화가 나고 속상하지 않는 반면 '요구'는 거절당하면 화가 나고 속상합니다. 그런데 참 이상한 것이, 제 경험상 처음에는 이 똑똑한 아이들이 교사의 제안을 그냥 들어준다는 겁니다. 신혼 초 처음 부탁했던 설거지는 잘해줬던 남편처럼 말이죠. 그러나 유아 주도 놀이가 진행될수록 교사의 제안을 종종 거절하는 아이들이 있었습니다. 이때 교사는 놀이의 제안이 거절당한 것에 속상해하지 말고 유아의 놀이를 인정하고 놀이를 잘 살펴봐야 합니다. 남편에게 설거지를 부탁했다가 거절당했을 때처럼 속상해하지 말고 남편을 인정하고 남편을 잘 살펴봐야 하는 것처럼 말이지요?

유아 주도의 놀이에는 분명히 이유가 있습니다. 그 놀이 속에서 교사가 생각하지 못한 것을 찾아내고 유아 스스로 놀이에 몰입하여 연계하고 확장하는 모습을 볼 때 느끼는 그 희열은 교사만이 가질 수 있는 감정일 것입니다.

그 희열을 느껴보세요!

격려의 방법,
공감

의사소통의 방법에는 언어적 형태와 비언어적 형태가 있습니다. 그렇다면 우리는 언어적 의사소통에 더 의존할까요? 비언어적 의사소통에 더 의존할까요?

언어적 의사소통은 말과 글로 소통하는 것을 말합니다. 비언어적 의사소통은 말과 글 외의 것으로 소통하는 것을 말합니다. 예를 들자면 윙크, 엄지, 웃음, 목소리 톤, 얼굴 표정 등을 말할 수 있습니다. 우리는 의사소통에서 언어적 형태보다 비언어적 형태의 소통을 더 강력하게 느낀다고 합니다. 그 이유는 비언어적 형태의 소통은 인간의 자연 발생적 표현 행동으로 감정이나 느낌을 그대로 전달하기 때문이라고 합니다.

이를 유아 주도 놀이 속 교사의 의사소통 방법인 격려 방법으로 적용하자면, 비언어적 의사소통으로 격려를 하게 되면 유아에게 더 강력하게 전달이 된다는 것입니다.

저의 경우에는 유아 주도 놀이에서 유아의 놀이 성장에 격려를 해주고 싶을 때 놀란 표정과 들뜬 목소리로 "사진 찍고 싶어!" 하고 말했습니다. 그때 아이들은 자신의 놀이가 인정받아 사진 찍힌다는 것을 자랑스러워했습니다. 그 뒤 아이들은 자신의 놀이가 스스로도 대견하다고 생각할 때 "선생님, 사진 찍어주세요."라고 말하며 달려왔습니다.

아이들은 교사가 놀이에 대한 즐거움과 의미를 공감을 할 때 제일 격려받는 것으로 생각하는 것 같았습니다. 그 공감의 표현은 비언어적 형태로 나타날 때 제일 잘 전달되었습니다.

유아 주도 놀이에 대한 교사의 격려 방법으로 놀란 표정을 보여주시고, 웃어주시고, 엄지 척해주시고, 사진을 찍어주시고, 호기심을 가져주시고, 나도 너희들처럼 놀고 싶다고 마음을 표현해주세요. 그러면 그 자체가 유아 주도 놀이에 대한 인정이자 격려가 될 것입니다.

아이들은 교사가 놀이에 대한 즐거움과 의미를 공감할 때 제일 격려받는 것으로 생각하는 것 같았습니다. 그 공감의 표현은 비언어적 형태로 나타날 때 제일 잘 전달되었습니다.

관찰과
기록 방법을 찾다

유아 주도 놀이를 따라가며 관찰하고 기록하는 것은 정말 중요합니다. 저는 관찰 기록 방법으로 제가 잘할 수 있는 것이 무엇일까? 곰곰이 생각하다가 평상시 좋아하는 사진 촬영을 관찰 방법으로 정하였습니다.

제가 한 사진 촬영 관찰 방법을 간략하게 소개하겠습니다. 첫 번째, 유아 주도 놀이가 시작되는 시간부터 30분이면 30분, 45분이면 45분 일정한 시간 간격을 가지고 교실 전체의 놀이 모습을 파노라마 형식으로 촬영하는 것이었습니다. 이렇게 사진을 찍게 되면 교실 전체의 놀이 모습을 찍을 수 있어서 좋았습니다. 또한 유아가 시간대별로 놀이에 얼마나 집중했는지, 놀이가 어떻게 확장되었는지, 어떤 놀이에 관심이 있었는지와 그 관심이 어떻게 이동되었는지, 어떤 유아의 놀

촬영일: 2019.11.1.
12시 공연에 참여하는 사람의 이름을 적고 있는 사랑이의 모습

촬영일: 2019.11.1.
12시 공연에 참여하고 싶어진 한 사랑이가 사물함에 가서 참여자 명단에 자신의 이름을 적는 모습

이를 누가 모방하여 놀이하게 되었는지 등 놀이의 과정을 상세하게 담아 관찰할 수 있었습니다. 또한 이러한 사진 촬영 방법은 놀이 사진을 정리하며 한 번 더 볼 수 있어 놀이 과정에서 보지 못했던 것을 꼼꼼히 관찰할 수 있었습니다.

두 번째, 유아가 놀이를 하다가 즐겁고 의미 있다고 생각하여 찍어달라고 요구하는 놀이 모습을 촬영하였습니다.

세 번째, 교사가 생각하기에 놀이가 재미있고 의미가 있어 기록으로 남겨야 하는 장면이라는 생각이 들면 사진을 촬영하였습니다.

이렇게 찍은 놀이 사진을 컴퓨터에 정리하다 우연히 저만의 놀이 기록 방법을 찾았습니다. 저는 컴퓨터 안에 폴더명과 사진명을 적는 공간이 우리가 생각하는 것보다 매우 많은 글을 적을 수 있다는 것을 발견하였습니다. 그래서 그 공간에 놀이의 종류, 유아의 상호작용, 놀이 장면의 특징을 적어 기록하였습니다. 이러한 방법은 놀이 장면과 함께 놀이 이야기를 적으면서 관찰과 기록을 함께 작성할 수 있어 아주 효율적인 방법이 되었습니다. 더불어 이 기록은 학부모 상담 시 생생하고 자세한 정보가 있는 유용한 자료가 되었습니다.

이름

☐ 1008 모래놀이 길을 만들어 물을 넣으면서 수로를 만들다
☐ 1010 2대2 닭싸움, 하프접기, 피아노, 공연구성, 초대장만들기, 닭싸움 응원연습
☐ 1011 애니메이션 및 로봇박물관
☐ 1014 숲에서 놀기, 도토리 심기, 초록잎 음식, 벼석라면, 도토리 땅그림, 나뭇잎잡기
☐ 1016 풍선놀이 자동차만들기, 아파트만들기, 매니큐어, 샴놀이, 닭싸움, 알방울 모으기, 박쥐되기, 풀멍이숨기기
☐ 1017 상자로봇만들기 공연하기, 박스상자안에 들어가서 쉬기
☐ 1018 애들아 수영장에서 놀자, 예은이 물면서 깊은물에 3번 도전하고 성공
☐ 1021 공룡만들어주기, 피하는 닭싸움, 모래로 그림그리기 등
☐ 1022 학교폭력 예방 뮤지컬 관람하기, 관람후 1학년 형님들과 놀이터에서 같이 놀기
☐ 1023 쥬스만들기, 낙엽방석만들기, 구슬놀이, 공기놀이
☐ 1024 엄마가 선생님이 되었어요, 닭강정만들기
☐ 1024 여치사진이 삐뚤이랑 똑같아요 낙엽떨어지는 것 잡기놀이
☐ 1028 숲제험 달맞이꽃 씨앗 뿌리기, 가을 나뭇잎 줄기 및 관찰하기, 가을 산 관찰하기, 가을 메뚜기, 놀이터 바닥에 그림 그리기
☐ 1029 시골집 놀이, 장구놀이, 고양이 놀이, 아이스크림 놀이
☐ 1030 학교에서 놀기, 다식만들기, 다둥이질하기, 장구놀이하기, 전래놀이하기
☐ 1101 공연 놀이, 공연자들의 이름을 적고 다니기, 공연하기 전에 연습을 해야 됨을 알고 있다. 문이 책만들기 놀이
☐ 1104 숲에서 놀자, 자연에 선물주기, 유치원 실외놀이터에 감사한 마음 전하기, 참나무툴별록 찾기, 가을에 찾은 거미줄
☐ 1105 사과는 우유랑 먹어야 맛있대요 알려준 예은이의 말에 따라 바깥에 나가서 우유와 사과를 먹기로 함
☐ 1106 운동장에서 즐거지고 놀아요, 가을엽서 만들기, 태양이 주는 선물
☐ 1107 십자팔력으로 방맏들기, 꿀놀이, 물을 축구골대에 묶어서 그네 만들기, 줄다리기, 긴물넘기기, 낚시놀이
☐ 1108 수영장에서 자유놀기, 수영선생님놀이, 상어놀이, 물 튀기기 놀이, 잠수하기, 풀고래 놀이, 물속에서 한바퀴 돌기
☐ 1111 숲에서 빠르로 먹기, 김장놀이하기, 요리놀이, 고고싱 놀이, 고양이 꼬리밟기, 중심잡기놀이 등

놀이 관찰과 기록 방법은 정해진 것이 없습니다. 교사가 가장 잘할 수 있는 방법으로 유아의 놀이를 기록하면 될 것입니다.

풍선으로 놀기

2장 함께 놀이하며 배우는 교사 공동체

강원교육연구회
'놀이에 빠진 유아교육 교사 공동체'

2019 개정 유아중심 놀이중심 교육과정이 2020학년도부터 적용된다는 이야기를 듣고 많은 고민을 하던 시기가 있었습니다. 그때 친분이 있는 선생님에게 걸려온 한 통의 전화! 함께 놀아보고 놀이에 대하여 이야기를 나누는 교사 공동체를 만들려고 하는데 함께할 의향이 있는지 물어보는 전화였습니다. 단숨에 함께하고 픈 마음으로 "좋아요!"를 외쳤습니다.

그 첫 교사 공동체 구성원을 만나던 날, 저는 가슴이 설레었습니다.
'올 한 해 조금 놀아볼 수 있겠는걸!'라는 생각이 들었으니까요.

이렇게 함께한 교사들은 매월 유아들과 놀아볼 놀잇감을 선정하고 각자 유치원으로 돌아가 그 놀잇감을 활용한 유아 주도의 놀이를 관찰하고 기록하여 다음 달 교사 공동체의 날에 이야기를 나누었습니다. 이 교사 공동체에서 유아 주도 놀이에 대한 깊이 있는 대화를 하며 유아중심 놀이중심 교육과정에 대한 이해도를 높일 수 있었습니다. 또한 이 모임을 통해 교사의 배움과 놀이는 유아의 놀이를 더 풍성하게 한다는 것을 알게 되었습니다.

현장에 계시는 선생님들도 자발적으로 놀이 관련 교사 공동체를 만들어 놀이에 대한 이야기를 나눠보세요. 그러면 유아중심 놀이중심 교육과정이 쉽게 이해되는 것은 물론 아이와의 놀이 활동이 예전보다 더 가깝게 느껴질 것입니다.

강원교육연구회
'놀이에 빠진 유아교육 교사 공동체'

비구조화 놀잇감으로
함께 놀다

강원교육연구회 '놀이에 빠진 유아 교육 교사 공동체'에서는 유아 주도 놀이의 재료로 비구조화 놀잇감을 선정하였습니다. 비구조화 놀잇감은 정답이 없는 놀잇감입니다. 그래서 유아가 무엇이든 만들 수 있고 옳고 그름이 없어 다른 사람에게 평가받지 않기 때문에 놀이에 성공을 확신하고 만족감을 줄 수 있는 놀잇감입니다.

비구조화 놀잇감은 부담이 없는 놀잇감입니다. 구조화되거나 비싼 놀잇감은 가지고 노는 유아나 놀잇감을 제시하여 주는 교사에게 잃어버리거나 망가짐에 부담을 주는 놀잇감입니다. 부담이 없는 놀잇감은 유아가 주도적으로 무엇인가 놀이를 할 때 개입하지 않고 지켜볼 수 있는 여유를 줍니다. 비구조화 놀잇감은 생활 주위에서 쉽게 구할 수 있는 놀잇감입니다. 언제든 필요하면 어렵지 않게 유아들에게 제공할 수 있습니다. 비구조화 놀잇감은 교사가 유아 주도 놀이를 관찰할 때 유아의 감정을 파악하기 좋은 놀잇감입니다.

이에 유아 주도 놀이의 가장 적합한 놀잇감은 '비구조화 놀잇감'이라고 의견을 모으고 각 월별 놀아볼 비구조화 놀잇감을 선정하며 그 해당하는 월에 유치원에서 아이들과 놀고 월 모임에 각 유치원의 놀이를 함께 나누기로 하였습니다.

함께 만든 놀이 실행안과
우리만의 놀이 말

강원교육연구회 '놀이에 빠진 유아교육 교사 공동체'에서는 놀이 예상안과 놀이 실행안을 만들었습니다.

처음 5월 우리가 제시한 놀이안은 놀이 예상안이었습니다. 놀이 예상안은 기존의 수업안과 같이 놀이의 목표와 예상되는 놀이를 교사가 미리 작성해보는 것이었습니다. 그러나 유아 주도 놀이를 실행하다 보니 그것은 현실에 맞지 않는 놀이안이었습니다. 왜냐하면 유아 주도 놀이에서 아이들의 생각은 교사의 생각을 뛰어넘었고 어디로 튈지 모르게 톡톡 튀어 올라 교사가 예상할 수 없었기 때문입니다. 이에 우리 교사 공동체는 이 현실을 적극 반영하여 '놀이 예상안'을 유아 주도 놀이를 실행하고 관찰한 뒤 작성하는 '놀이 실행안'으로 정정하였습니다.

또한 놀이 추임새라는 말을 만들었습니다. 추임새의 사전적 의미는 '판소리에서, 장단을 짚는 고수가 창의 사이사이에 흥을 돋우기 위하여 삽입하는 소리로 좋지, 얼씨구, 흥 따위이다.'입니다. 이를 유아 주도 놀이에 적용하여, 우리는 놀이 추임새를 '유아 주도 놀이에서 놀이에 참여하거나 지원하는 유아와 교사가 놀이의 사이사이에 흥을 돋우기 위하여 삽입하는 소리나 행동'이라고 정의하였습니다. 우리가 정의한 이 놀이 추임새는 유아 주도 놀이에서 유아에게 흥을 돋워 놀이의 몰입과 확장을 도왔습니다.

인공지능 시대,
교육 패러다임의 변화와 놀이

강원교육연구회 '놀이에 빠진 유아교육 교사 공동체'에서는
놀이의 방향을 제시할 외부 초청 강연을 계획하였고 서울대
학교 행복연구센터 홍영일 박사에게 강연을 의뢰하였습니
다. 홍영일 박사는 '인공지능(AI) 시대 교육 패러다임 변화와
놀이 Teach Less, Learn More' 주제로 강연을 해주었습니다.
이 강연을 통해 우리는 행복과 놀이를 연결할 수 있었습니
다. 이때 들은 주요 강연 내용에 유아 주도 놀이를 연결하여
소개해보도록 하겠습니다.

첫 번째로 강연자는 '성공적인 수업을 위해 아이들을 통제하
려다가 아이들의 행복도 통제해온 것은 아니었나? 수업을 잘
계획하고 통제하여 학습목표에 도달하려고 애를 써오지 않
았는가?'라는 의문을 제시하였습니다. 이를 그간 유치원에서
이뤄진 놀이에 적용하여 보자면 '우리는 교육이란 이름으로
놀이를 통제한 것은 아니었나? 놀이를 계획하고 통제하여 목
표에 도달하려고 애쓴 것은 아닌가? 자유선택 놀이라고 부르
면서 정작 교사가 계획하고 통제하여 목표에 도달하려고 애
쓴 것은 아닌가?' 하는 생각을 하게 되었습니다.

두 번째로 강연자는 전국 행복수업의 가능성으로 조용한 수
업은 수업대로, 시끄러운 수업은 시끄러운 대로 아이들 모두

몰입한다는 점, 시끄러운 수업조차도 정확히 45분 안에 깔끔하게 마무리된다는 점을 언급하였습니다. 이를 놀이에 적용한다면 '정적인 놀이는 정적인 놀이대로, 동적인 놀이는 동적인 놀이대로 아이들이 모두 몰입한다는 점, 동적인 놀이조차도 충분히 논 후에는 깔끔하게 마무리된다는 점'입니다. 우리는 여기에서 놀이의 가능성을 엿볼 수 있었습니다.

세 번째로 강연자는 미래 사회에 살아갈 우리 아이들에게 'Why?'라는 질문보다 'Why Not?'이라는 질문을 해야 한다고 했습니다. 그 이유는 'Why?'라는 질문은 뒤를 돌아보고 이유를 설명해야 하지만 'Why Not?'이라는 질문은 앞을 바라보고 문제 해결 방향을 찾게 된다는 것입니다. 'Why Not?'이라는 질문은 저희 반 아이들의 유아 주도 놀이에 큰 역할을 해주었고 'Why Not?'이라는 질문을 통해 놀이가 어떻게 연계되고 확장·몰입되어 가는지 경험할 수 있었습니다.

이에 저는 놀이 친구 추임새에 'Why Not'이라는 말이 놀이를 인정하고 확장하게 흥을 돋우는 말이라는 것을 알게 되었습니다.

상자 놀이를 하는 과정에서 다양한 배움이 일어납니다. 처음에는 오디를 넣는 바구니와 상장 만들기 등 자기 혼자서 하는 놀이에 집중하던 유아들이 상자를 조각조각 분해한 다음에는 친구와 집을 만들고 꾸미기 시작했습니다. 이때 유아는 친구와 함께 집을 만들며 다른 사람과 관계를 맺고, 의사소통하며, 자기조절의 경험을 하게 됩니다.

유아 주도 놀이를
따라가며 끄적이기

_ 상자 놀이 편

상자 놀이에 빠진 아이

첫 번째, 상자 놀이 재미있네!

상자로 놀 것이
이렇게 많다니!

"얘들아, 우리 상자를 유치원 교실에서 가지고 놀까?", "몇 개나 가지고 올까?", "선생님하고 같이 상자 가지러 갈 사람!"

만 4세 10명, 만 5세 10명으로 구성된 우리 사랑이들(우리반 아이들을 지칭하는 애칭)의 상자 놀이는 이렇게 시작되었습니다. 이때까지 우리는 앞으로 일어날 상자 놀이의 변화를 전혀 상상하지 못하였습니다.

교실 구석구석에서 다양한 상자 놀이가 진행되었습니다.
한쪽에서 몇몇 아이들은 상자 위에 무언가 붙이기 시작했습니다. 다른 한쪽에서는 상자를 오리기 시작했습니다. 또 다른 한쪽에서는 상자에 구멍을 뚫기 시작했습니다. 또 상자와 상자를 가위로 조각내어 이어서 붙이기 시작했습니다.
"선생님, 색종이를 접어서 상자를 꾸몄어요!"
"선생님, 이건 연필이에요!"

교실 한쪽에서 연필로 상자에 구멍을 뚫고 있는 사랑이에게 다가가 말을 걸었습니다.
"와! 이건 뭐야?"
"이건 가면이에요! 이걸 이렇게 상자를 머리에 쓰면 앞이 다 보여요."

아이들의 생각은 참 기발했습니다.

'어쩜 상자 위에 구멍을 뚫어 쓰면 앞이 보이고 그 자체로 상
자 가면이 된다는 것을 알 수 있었을까요? 어디까지가 아이
들의 능력일까요?'
상자를 놀잇감으로 처음 가져다준 날, 이렇게 많은 놀이가 나
오다니! 교사인 저의 생각만으로 놀이가 진행됐다면 과연 이
렇게 다양할 수 있었을까요? 첫 상자 놀이 시작부터 저는 아
이들의 아이디어에 흥분하게 되었습니다.

연필을 만들었어요

아직은
선생님 의견을
들어주는 아이들

저는 유치원 교사입니다.
교사는 아이들에게 무엇인가를 알려줘야 하지 않을까? 하는
의무감이 잠재되어 있습니다. 아직은 교사 주도의 놀이에서
크게 벗어나지 못하는 저의 모습이었습니다. 그래도 아이들
은 여전히 교사 제안에 호응을 해주었습니다.

상자를 가져다 놓아도 여전히 블록 놀이에 빠져 있는 아이들
을 보았습니다. '좋았어! 저 블록 놀이와 상자 놀이를 함께 이
어주겠어!'

재미있게 잘 놀고 있는 사랑이들에게 다가갔습니다.
"이렇게 블록 아래에 상자를 세워볼까? 그래 잘하네. 그 위에
구슬을 굴려보자!"
아이들은 교사가 제시한 놀이 방법대로 놀아주었습니다. 하
지만 교사가 들어가기 전보다 놀이가 재미있는 것 같진 않았
습니다. 그리고 교사가 놀이에서 나오자 곧 유아 주도의 다
른 놀이가 일어났습니다.

아하~ 나의 실수! 유아 주도 놀이를 따라가기로 마음먹고서
제가 알려주는 것이 전부인 양, 저는 아이들에게 상자로 블록
을 세워 기울기를 만들고 그 위에서 구슬을 굴려보며 기울기

에 따른 속도의 변화를 가르치려 했던 것이었습니다.

잘 놀고 있는 아이들에게 무언가 가르쳐야 한다는 생각으로 다가가는 것은 야채를 안 먹던 아이가 김밥을 보고 스스로 먹으려는 찰나 교사가 개입하여 "이건 김밥이라는 건데 시금치도 들어가고 오이도 들어가고 당근도 들어가 건강에 좋고 맛있다." 하며 김밥의 영양분을 가르치려다가 김밥 본연의 맛을 떨어트리는 것과 같다는 생각이 들었습니다.

다시 한번 다짐했습니다.
'아이들의 주도 놀이를 따라가자. 따라가며 관찰하자.'

상자로 경사를
만들어 노는 아이들

숲에서 놀다가 보리수를 먹다

두 번째, 실외에서 상자 놀이해볼까?

무아지경
오디 맛보기

유치원 놀이터 옆에 있는 오디나무에서 오디 따는 것을 좋아
하는 아이들.
오디도 따먹고 싶고, 상자도 갖고 놀고 싶은 우리 사랑이들은
상자를 가지고 바깥놀이를 하고 싶다고 제안하였습니다.

자연은 우리에게 주는 선물입니다. 우리 유치원은 계절마다
사랑이들이 직접 따서 먹을 수 있는 과실수가 있습니다. 우
리 사랑이들은 오디가 다 익기 전부터 떫은 오디를 따먹으며
맛있다고 하였습니다.
"선생님, 이거 진짜 맛있어요! 한번 먹어봐요." 하고 건네주
는 덜 익은 오디 맛을 보며 저는 생각했습니다.

'만약 마트에서 사온 오디가 떫었다면 아이들이 지금처럼 맛
있게 먹을 수 있었을까?' 그런데 요 며칠 오디의 색이 더 검어
지더니 맛도 확연히 달콤해지기 시작하였습니다.
오디를 맛보는 아이들의 모습에서 오디가 얼마나 달콤한지
알 수 있었습니다. 아이들은 오디의 맛에 따라 계절의 변화
를 배워가고 있었습니다.

상자를 오디 따기
디딤대로 사용하는 아이들

검게 무르익은 오디는 아이들의 욕망을 불러일으켰습니다. 아이들은 손이 닿기 쉬운 나뭇가지 아래에는 더 이상 맛있는 오디가 없다는 것을 오디를 따먹으며 배워갔습니다. 아이들은 손이 닿지 않은 곳에 맛있는 오디가 있다는 것을 알고 손을 위로 뻗었습니다.

그래도 더 이상 오디가 손에 닿지 않자 아이들은 상자를 디딤대로 사용하기 시작하였습니다.

'상자를 밖으로 가지고 나가자고 할 때부터 아이들은 미리 디딤대를 사용해야지 하는 의도가 있었던 것일까?' 생각이 들 정도였습니다. 일찍 일어난 새가 먹이를 잡는다더니 일찍 상자를 사용한 아이가 오디를 따먹었습니다.

오늘도 놀면서 배우는 우리 사랑이들. 사랑합니다.

상자를
디딤대로
사용해요

45

싫어요!
오디 스무 개 따서
친구들과 나눠 먹을래요

아차차차! 또 나의 실수. 사랑들이 상자를 바구니로 이용하여 오디를 따서 담고 있었습니다. 꽤 많이 모인 오디를 보자 오늘 우리 교실에 장애인식 개선 공연을 해주러 오시는 분들이 생각났습니다. 그래서 또 나눔이라는 주제를 갖고 교육적인 기대를 하며 사랑이에게 다가갔습니다.

"오늘 유치원에 우리를 위해 공연해주시는 분들이 오시는데 바구니에 있는 오디, 그분들에게 드리는 건 어떨까?" 의도가 실린 이야기로 아이에게 다가갔습니다.
"싫어요! 오디 스무 개 따서 친구들과 나눠 먹을 거예요!"
아이는 또랑또랑한 목소리와 눈빛으로 나를 보며 말했습니다.
평상시 아이의 성향으로는 교사의 의견을 따라주는 아이였기에 거절당할 줄 몰랐습니다.

오디 스무 개
따서 친구들과
나눠 먹을로

오디
바구니로
사용된 상자

우리 교실에 오는 손님을 생각하느라 오디를 따서 친구들과 함께 나눠 먹고 싶다는 우리 사랑이들의 마음을 미처 살피지 못했던 것입니다. 오디를 따서 먹으면서도 나눔을 통해 친구와 사이좋게 지내기를 몸으로 배우는 우리 사랑이였습니다.

연주해주셔서
감사합니다

"싫어요! 오디 스무 개 따서 친구들이랑 나눠 먹을 거예요!"라
고 말했던 아이가 친구들과 오디를 나눠 먹은 후 말했습니다.
"선생님, 저 오디 따서 연주자님들께 드릴래요!"
유아 주도로 일어난 생각!

긍정 정서는 주변을 보는 시선을 넓힌다고 합니다.
오디를 맛있게 먹으며 즐거움이라는 긍정 정서와 오디를 친
구와 나눠 먹으며 기쁨이라는 긍정 정서를 경험한 아이는, 나
와 친구라는 대상에서 멈추지 않고 더 넓은 주위를 살피게 된
것이었습니다.

스스로 생각을 확장하는 아이들.
아이를 믿고 기다려주면 아이들은 스스로 길을 찾아옵니다.
믿음이 더 굳어지는 순간이었습니다.

연주자님께
감사의 선물로
오디를 드려요

나는
자연물 공예 놀이가
더 좋아요

오디를 따서 먹는다던 아이 두 명에게 갈등이 생겼습니다. 흥분된 마음을 다독거릴 겸 잠깐 그늘에 앉아 쉬게 하였습니다. 조금 뒤 쉬고 있는 아이를 보니 아이의 손이 연실 바쁘게 움직이고 있었습니다. 다가가서 아이가 하고 있는 놀이를 보고 깜짝 놀랐습니다. 아이는 주변의 나뭇가지를 주워 꽃과 풀을 그 위에 돌돌 말고 있었습니다. 이런 단순한 손놀림으로 태어난 작품은 꼭 자연물 공예가의 작품 같았습니다.

나무와 풀 그리고 꽃을 엮어
자연물 공예 작품을 만들다

"얘들아, 이것 봐."
교사가 흥분된 목소리로 다른 아이들에게 자연물 공예품을 보여주자, 아이들은 멋지다며 자연물 공예 놀이를 하기 시작했습니다.
친구와의 갈등으로 의기소침해 있던 아이는 한껏 어깨가 올라가서 친구들에게 만드는 방법을 알려주었습니다.

'이렇게 너희는 또 하나가 되어 노는구나!!! 애들아~ 놀이하다 보면 싸우고 화해하고 배우며 다시 하나가 되어 놀이하게 된단다.'
다른 놀이로 친구와의 갈등을 잊기도 하고 해결하기도 하는 우리 사랑이들. 사랑합니다.

바깥놀이에서 아이들에게 나뭇가지를 들고 놀다가 넘어지면 위험하다고 갖고 놀지 못하게 한 적이 있었습니다. 잠시 생각해 봅니다. '내가 놀이의 안전을 위한다며 유아의 놀이 재료와 경험을 막은 것은 아니었을까?'

이날 아이들은 스스로 선택하고 참여한 놀이를 통해 즐거움을 느끼는 동시에 배우는 기쁨을 발견한다는 것을 깨달았습니다. 아이들 스스로 놀며 성장할 기회를 막았던 저를 반성했습니다.

숫자 100까지 쓸 수 있다고
자랑하고 싶은 아이

세 번째, 배움의 과정에서 한 명의 유아도 소외받지 않는 교육과정

개미 관찰이
더 재미있어요

오늘도 우리 사랑이들은 바깥놀이를 나가자고 제안했습니다. 우리는 상자를 가지고 바깥으로 나갔습니다.

우리 유치원은 유치원 내 숲이 조성되어 있습니다. 그것도 유치원 놀이터와 바로 이어진 숲이라 우리 사랑이들은 놀이터와 숲을 오가며 놀이를 확장하였습니다. 삼삼오오 몇몇 아이들이 유치원 숲 정상 언덕에 쪼그리고 앉아 무언가를 하고 있었습니다. 가만 다가가 보니 땅에 작은 구멍들이 나 있었습니다.

"애들아, 뭐하는 거야?"

"선생님, 여기에서 개미들이 막 나온대요. 저번에 놀 때 형이 봤대요."

"네, 맞아요. 저번에 개미가 여기로 들어갔어요. 그리고 개미들이 막 나왔어요."

우리 사랑이들의 놀이는 꼭 상자 놀이로만 이뤄지지 않았습니다. 그래서 바깥으로 나오면 놀이가 더 다양해져서 좋습니다.

개미굴
관찰하기

자연물 공예가가
될래요

지난번 자연물 공예 놀이 사진을 보며 사랑이들과 놀이 이야기 나누기 시간을 가졌습니다. 그것이 기억이 났는지 남자 사랑이들은 그늘진 숲 한쪽에 둘러앉았습니다.

아이들과 놀이 이야기를 함께 나눈다는 것은 놀이와 생각을 공유하게 되어 좋습니다. 한 명으로 시작된 놀이가 전파되어 다섯 명의 아이들이 놀이에 푹 빠졌습니다.

"선생님, 이것 보세요. 멋지죠! 우리 사진 찍어주세요."

오늘 우리 사랑이들은 자연과 생활에서 아름다움을 느끼고 즐겼습니다. 아이들은 모두 예술가입니다.

자연물 공예에 빠진 아이들

더 큰 상자에
오디를 모을 거예요

사랑이들이 크고 속이 깊은 상자를 가지고 오디나무 밑에서 무언가를 하고 있었습니다. 사랑이들은 오디를 따서 상자 안에 열두어 개 정도를 모으고 있었습니다.

"뭐하는 건지 궁금한데?"
"어제 상자보다 더 큰 상자를 골랐어요. 왜냐하면 더 많은 오디를 딸 거거든요."

우리 사랑이들은 오디를 따고 몇 개인지 세면서 수 세기를 배우고 있었습니다. 여기서 한발 더 나아가 작은 상자보다 큰 상자에 담으면 더 많이 담을 수 있다는 것을 알아챈 우리 사랑이들. 매일매일 놀이를 통해 생각이 넓어지고 깊어졌습니다.

상자에
벌레가 있어요

몇몇 아이들이 상자 안에 고개를 숙이고 무언가를 보고 있었습니다. 조심스럽게 아이들을 따라가 보니 그 전날 상자 놀이 후 바깥에 두고 간 상자 속에 벌레들을 발견한 것이었습니다.

"이것 봐! 벌레가 움직여!"
"너 왜 거기 들어갔니?"
"추워서 들어갔니?"
"비 와서 들어갔니?"

교실의 영역을 구성하다 보면 항상 과학영역이 부족하고 활성화되지 않다고 느꼈습니다. 그래서 각종 관찰 및 탐구 도구들을 영역에 배치하고도 생활 주제별 의도적인 놀이 자료를 넣어주곤 했습니다. 그러나 놀이를 관찰하고 보니 유아 주도 놀이를 통한 배움 속에서 아이들은 항상 관찰과 탐구를 하고 있었습니다. '의도적인 놀잇감은 유아의 탐구하고자 하는 속성을 더 감하는 것은 아닐까?' 반성하게 되었습니다.

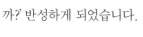
상자 속 벌레를
관찰하는 아이들

나는 사진 찍는 것에
더 관심이 있어요

친구들을 좋아하는 한 사랑이가 오디 따는 친구들, 개미를 관찰하는 친구들 속에서 놀이에 깊이 빠지지 못하고 탐색만 하고 다녔습니다. 그러다가 바깥 전체에서 일어나는 놀이를 관찰하고 기록하려고 사진을 찍던 교사와 눈이 마주쳤습니다. 그러자 오른손으로 브이를 만들어 자기 얼굴에 가져다 대며 환하게 웃는 얼굴로 포즈를 취했습니다.

사진 찍어
주세요

'아하! 우리 사랑이는 사진 찍기 놀이를 하는 것이구나!'
2019 개정 유아중심 놀이중심 교육과정은 배움의 과정에서 한 명도 소외되지 않는 교육과정임을 확인하는 시간이었습니다.

오디 따기
3단 디딤대 등장!

오늘도 우리 사랑이들은 오디를 따서 먹는 재미가 아주 쏠쏠합니다. 여러 아이들이 오디나무 밑에서 잘 익은 오디를 찾아 발꿈치를 연실 올렸다 내렸다 했습니다.

가만히 친구들을 관찰하고 있는 사랑이 한 명이 있었습니다. 교사인 저와 눈이 마주쳤습니다. 제가 가만히 상자를 향해 손가락을 가리키자, 아이는 눈을 반짝이더니 상자를 가지러 갔습니다. 상자를 하나 올리고 손이 안 닿자 아이는 상자를 하나 더 갖고 와 올렸습니다. 아이의 몸무게로 빈 상자는 주저앉았으나 그래도 상자가 하나일 때보다 더 높이 올라갔습니다. 곧바로 또 다른 상자 하나를 가지고 왔습니다. 그리고 또 올라갔습니다. 상자가 푹 꺼졌습니다.
아이의 생각이 재미있어 가만히 지켜보았습니다.
아이는 곰곰이 생각합니다.

이때 교사가 바로 도와줬다면 오디 따기는 훨씬 쉬웠을 것입니다. 하지만 교사가 기다려주면 아이 스스로 탐색하고 발견합니다. 교사의 지원은 언어적 지원보다 생각의 틈을 주는 비언어적 지원 즉, 행동이 참 유용한 것 같습니다.

오디 따기에
드디어 막대기 출동!

곰곰이 생각하고 있는 사랑이에게 다른 사랑이 한 명이 손에
막대기를 들고 다가왔습니다.

"옛날에 할아버지가 밤 딸 때 보니깐 막대기로 나뭇가지를
막 쳤어!"

오디 따기에 막대기를
사용하자고
의논하는 아이들

"그래?"
"응! 우리 막대기로 따 볼
까?"

막대기로 나뭇가지를 두
들겨 봅니다. 오디가 조
금 떨어졌습니다. 그러
나 바닥에 떨어진 오디는
흙이 묻거나 터져버렸습
니다. 오디 따기에 막대
기는 적절하지 않은 도구
임을 경험하였습니다.

58

상자로 만든
자연물 상장

자연물 공예 놀이에 빠져
있던 사랑이 한 명이 "선생
님, 이거 보세요." 하고 무
언가를 가지고 왔습니다.
상자 위에 꽃과 풀 그리
고 여러 가지 자연물들
을 테이프로 붙여 꾸미
고서는 상장이라고 했
습니다. 그리고 아무
것도 적혀 있지 않은
상장을 보고 줄줄 읽어
내리고 있었습니다.

상자와 자연물로
상장을 만들다

"위 어린이는 유치원의 다양한 활동에 열심히 참여하여 이
상장을 줍니다."

우리 반 사랑이들의 행동 하나하나가 나에게 웃음을 주고 기
쁨을 줍니다. 교사가 아이들에게 베푸는 것이 아니라 아이들
이 교사에게 놀이로 베풀고 있었습니다. 유아 주도 놀이를
따라가며 기록하다 보면 그곳엔 놀람과 기쁨이 있습니다.

사진으로
관찰 기록을 남기니
아이들의 소통이 보여요

사랑이 한 명이 상자 3개를 올려 3단 디딤대로 오디 따기를
성공했습니다. 그것을 보고 있던 다른 사랑이가 상자를 가지
고 왔습니다. 그것을 보고 있던 또 다른 사랑이들이 관심을
갖고 보고 있었습니다.

이처럼 사진 촬영 놀이 기록 방법은 놀이의 시작이 누구인지,
놀이에 영향을 받아 자기만의 방법으로 시도하는 아이는 누
구인지, 놀이를 시작한 아이 옆에서 관심을 갖고 있는 아이가
누구인지를 알 수 있었습니다.

놀이 사진은 실제 놀이하는 장면에서 관찰하지 못했던 것을
담고 있었습니다. 사진이라는 이미지는 많은 정보와 놀이 장
면의 사실 그 자체를 담고 있어 글로 적는 기록보다 신뢰성이
있었습니다. 이 놀이 사진을 학부모 상담 자료로 사용할 때
아주 유용하였습니다.

아이들의 사진을 찍어 기록하면 놀이의 흐름이 보였습니다.

네 번째, 함께 나누는 놀이

아이들이 함께 만든
햄스터 하우스

여전히 상자는 아이들에게 일등 놀잇감이었습니다. 여자아이들 몇 명이서 한참 의논하여 무언가를 만들고 있었습니다. 가만 지켜보니 집 모양이었습니다. 이 집에는 한글이 서툰 사랑이가 쓴, 열어보라는 뜻의 '얼어보세요 하우스'라는 글씨와 '사랑해 햄스터 하우스'라는 글씨가 적혀 있었습니다. 그리고 글자 주위에 하트 무늬 장식들로 웃는 눈과 입을 꾸몄습니다. "선생님 이것 보세요!" 흥분된 얼굴로 가지고 오는 아이들.
아이들이 만든 집 안을 들여다보니 햄스터 한 마리와 햄스터 앞 노란색 접시 위에 민들레 화전 2개, 파란색 접시 위에 진달래 화전 3개 그리고 물통, 물통 뒤에 파란색 접시에 여유분의 진달래 화전이 1개가 더 놓여 있었습니다. 햄스터를 생각하는 아이의 마음이 보였습니다.

햄스터 하우스를 만들고 상자 안에 햄스터
먹이와 장식품을 꾸며준 아이들

아빠에게
사랑의 택배 보내기

한쪽에서 노랑 색종이 위에 글씨를 쓰는 아이가 보였습니다. 아이의 놀이를 유심히 지켜 보았습니다. 아이는 색종이 위에 글자 비슷한 것을 적어 그것을 상자에 넣고 있었습니다.

"무슨 놀이하는 거야?"
"네! 이건 택배예요."
"택배 상자 안에는 무엇이 들어 있어?"
"여기는 사랑이 들었죠! 우리 아빠한테 보내는 사랑의 택배예요."

우리 어른들도 사랑을 표현하고 싶을 때나 싸우고 난 뒤 화해를 하고 싶을 때 사랑을 그려 넣어 택배로 보낸다면 참 좋겠습니다.

놀이가 즐거운 아이들

다섯 번째, 상자 놀이 패러다임의 변화,
아이들에게서 배우다

화가 난 아이의
돌발 행위

유치원에 등원한 사랑이 한 명이 아침부터 기분이 안 좋아 보였습니다. 놀잇감을 찾던 아이는 상자 하나를 들더니 소리를 지르고 던지며 발로 차고 주먹으로 상자를 막 두들겼습니다.

교사인 저는 조금 난감했습니다. 아이의 돌발 행동을 '말려야 하나? 그냥 두어야 하나?' 고민하였습니다. 그러나 상자로 아이의 화난 감정이 해소될 수 있다면 그것도 의미가 있겠다는 생각이 들어 아이의 행동을 모른 척하며 관찰했습니다. 그러자 그 행동을 다른 아이들이 모방하게 되었고 어떤 아이는 몸보다 작은 상자 안에 뛰어들어 주저앉았습니다. 아이들은 재미있는지 '하하하' 웃었습니다. 한순간 우리 교실은 상자 부

수기 놀이에 소란스러워졌습니다. 아이는 상자가 다 부서질 때까지 상자에 감정을 쏟더니 안정을 찾았습니다.

"이제 기분이 괜찮아?" 하고 물으니, 아이는 씩 웃습니다.
그래도 얼마나 다행인가요? 자신의 화난 감정을 친구에게 풀지 않고 상자에 풀어 버렸으니까요. 아이도 한 단계 자제한 것 아닐까요? 기특하였습니다.
이날의 상자 놀이는 이렇게 시작되었습니다. 교사는 감정 해소의 도구로 사용된 상자 부수기 놀이가 놀이의 끝인 줄 알았으나 그것은 또 다른 상자 놀이의 시작이 되었습니다. 아무도 이 사랑이의 행동이 상자 놀이의 패러다임을 변화시키게 될 줄 몰랐습니다.

놀이의 우연성으로 인한 놀이의 확장은 교사의 의도로는 할수 없는 유아 주도 놀이의 최고의 강점입니다.

상자의 원형이 부서지자
상자 조각으로 울타리를 만들다

아이들이 그동안 사용한 상자는 상자의 원형을 살린 놀이였습니다. 그런데 상자가 부서지고 아이들은 더 이상 상자의 원형으로 놀지 않아도 되었습니다.
사랑이들은 부서진 상자 조각들로 더 많은 상자 놀이를 창조해냈습니다. 정말 기특한 아이들이 아닌가요?

몇몇 아이들은 울타리를 만들기 시작했습니다. 아이들은 조각난 상자의 면을 이어 울타리를 연결하던 도중 자꾸만 넘어지는 상자 조각을 보았습니다. 아이들은 어떻게 하면 안 넘어지게 할지 여러 가지 방법으로 세워 보며 이야기를 나눴습니다. 조금 뒤 한 아이가 쓰러지는 상자 조각 앞에 각도가 조금 있게 접혀진 상자를 가지고 와
지지대로 놓았습니다. 더 이상 상자
조각이 쓰러지지 않았습니다.
그렇게 조금씩 울타리의 공
간을 넓혀 갔습니다.

상자로
울타리 만들기

상자 놀이의 패러다임이
변화하는 순간이었습니다.

상자 조각으로
집 만들기

상자 원형은 유아 마음대로 모양을 변화시키기가 어려웠으나 물리적 힘으로 조각난 상자는 자기가 원하는 모양으로 쉽게 만들 수 있는 놀이 재료가 되었습니다.

한 사랑이는 상자 조각을 모아 테이프로 이어 만들어진 공간에 자동차 엔지니어처럼 누워서 들어가 상자의 모양을 고치고 있었습니다.

"와! 꼭 자동차 엔지니어 같아. 무슨 놀이야?" 하고 교사가 묻자, 아이가 대답했습니다.

"지금 집 만드는 거예요. 우리가 들어갈 수 있는 집이요."

궁금한 다른 아이는 친구가 들어간 공간으로 머리를 들이밀어 궁금함을 표현했습니다. 아이는 정확하게 자신이 만드는 것을 표현하였고 그 뒤에도 한동안 집 만들기에 몰입했습니다.

놀이가 끝날 때쯤 아이의 놀이 추임새로 상자 놀이가 얼마나 재미있었는지 알 수 있었습니다.

"아~ 신나게 놀았더니 배고프다!"

교사 주도의 놀이를 하였을 때 교사들은 유아들에게 이런 말을 종종 들었습니다. "선생님 우리 이제 언제 놀아요?", "아, 아직 못 놀았는데!" 그런데 유아 주도의 놀이를 하고 나니 아이가 말했습니다. "아~ 신나게 놀았더니 배고프다!" 앞으로도 이 놀이 추임새가 아이 입에서 나오도록 곁에서 지원해 줘야겠습니다.

테이프로
상자 꾸미기

테이프로 상자 꾸미기

사람이 들어갈 수 있는 집을 만드는 아이 앞으로 한 사랑이가
다가왔습니다.

"오빠, 내가 여기 지붕 위 꾸며도 돼?"
"응! 거기는 네가 해!"

이렇게 색 테이프로 꾸미기 시작한 집의 지붕은 격자무늬가
되었습니다.

상자 조각으로 자꾸 쓰러지는
인형의 집 보수하기

한쪽에서 사랑이 두 명이 작은 조각들을 테이프로 연결하고
있었습니다. 그 놀이를 따라가며 보았습니다. 사랑이들은 앞
뒤가 뚫린 상자 위에 상자 조각을 반으로 접어 지붕으로 붙
여가며 인형의 집을 만들고 있었습니다. 그러나 연결한 상자
조각들은 힘이 없어 자꾸 옆으로 쓰러지고 있었습니다.

"자꾸 쓰러지네!", "상자 안에 상자를 더 넣을까?"
그러나 상자는 힘을 못 받고 또 쓰러졌습니다.
아이는 일어나서 교실 주위를 한번 쭉 살펴보더니 검은색 전
기 테이프를 가지고 왔습니다.
"우리 이 테이프로 여기 상자를 다 붙이자!", "그래!"

한동안 테이프로 상자를
돌돌 감던 아이 둘은 만
족감을 보였습니다.
상자는 돌돌 말아
감은 테이프로 힘을
받아 더 이상 넘어가
지 않고 튼튼하게 서
있었습니다.

자꾸 쓰러지던 모형 집!
테이프를 둘러 세우다

혼자 눕는 집
만들기

드디어 오랜 놀이 시간 끝에 완성된 혼자 누울 수 있을 정도
크기의 집!
이 집 안 한쪽에 아이들은 플레이콘으로 만든 작품들을 넣어
주었습니다.
"이건 왜 집 안에 넣어놨어."
"이쪽으로 고개 돌리면 이게 보이고요, 저쪽으로 고개 돌리
면 저게 보이라고요. 심심하지 않겠죠."
혼자 눕는 집을 예술적 감각으로
꾸민 사랑이들이
었습니다.

한 명이 들어가는 집

상자 안에 들어가서
놀 수 있는 집이
만들어지기 시작!

네 명이 들어가는
집 만들기

네 명이 한집에 들어가다

두 곳에서 각각의 집 만들기를 하던 남자아이들이 이야기를
하였습니다.

"우리 집 합치자!"
"좋아, 그러자! 우리 네 명이 들어가는 집을 만들자!"

아이들은 연실 테이프를 붙이고 뜯고 하더니 커다란 집을 완
성하였습니다.

나는야,
몬드리안입니다

여기저기에서 일어나는 다양한 상자 놀이!

"선생님 이것 봐요!"

아이의 손에 있는 것은 몬드리안*의 〈빨강, 파랑, 노랑의 구성〉 같았습니다.

나는 몬드리안입니다

● 네덜란드 화가. 주로 직선과 직각, 삼원색과 무채색만을 사용해 작품을 그렸다.

상자로
작품 전시대 만들기

상자를 작품 받침대로 사용

"선생님~." 하며 자신이 만든 작품을 보여주는 아이!
상자 위에 색종이를 붙이고 그 위에 플레이콘으로 여러 가지
작품을 만들어 올려놓았습니다.
아이의 얼굴은 뿌듯함 그 자체였습니다.

75

나만의 방법으로
집을 만들어요!

한 사랑이의 놀이를 관찰하여 보았습니다. 다른 아이들과 집 만드는 방법이 달랐습니다. 조각난 상자를 돌돌 말아 집을 만들고 있는 아이.

이렇게 독특한 방법으로 만든 집은 벽도 이중이고 조각을 이어 붙인 것도 아니라서 쓰러지지 않는 집이었습니다. 어쩜 이렇게 다양한 집을 만들 수 있을까요? 저마다의 방법으로 상자 집을 만드는 아이들을 보고 놀랄 수밖에 없었습니다.

집 만들기에
푹 빠졌어요

붓 펜으로
친구들을 그려줄래요?

얼마 전 붓 펜으로 그림을 그리고 있는 교사를 본 아이들이 자기들도 붓 펜으로 그림을 그리고 싶다고 하였습니다. 그래서 붓 펜을 사다 미술영역에 넣어주었습니다. 한쪽에서 붓 펜을 가지고 노는 아이의 놀이를 따라가며 보았습니다. 아이는 붓 펜으로 아주 훌륭한 그림을 그리고 있었습니다. 아이는 친구들의 모습, 선생님의 모습의 대표적인 특징을 잘 잡아 누가 봐도 알 수 있게 캐리커처 그림을 그리고 있었습니다.

긍정 정서는 창의적 문제해결력을 가지고 온다더니 상자를 가지고 잘 논 아이는 이제 붓 펜을 가지고 자신만의 창의적인 표현을 하고 있었습니다. 아이들의 능력에 또 한 번 놀라는 날이었습니다.

긍정 정서는 창의적 문제해결
능력을 촉진한다

상자의
놀라운 변화

상자 놀이의 패러다임의
변화를 가지고 온 날.

상자 놀이의 패러다임이 변한 날!
우리 교실의 모습

우리 교실은 바닥에 털썩 앉아 조각난 상자를 이어 붙이며 놀
이하는 아이들과 책상에서 상자 조각을 갖고 노는 아이들 그
리고 붓 펜으로 그림을 그리는 아이들 모두가 놀이에 푹 빠져
몰입하며 놀았습니다.

이날 우리 사랑이들은 유아 주도 놀이를 통해 몰입과 즐거움
속에서 자율·창의성을 신장하고 전인발달과 행복을 추구하
였습니다.

여섯 번째, 스스로 문제를 해결하다

협동하며 만든 집,
누가 먼저 집에 갖고 갈까?

아이들의 놀이는 빠른 전파력을 가지고 있었습니다.
상자 조각을 가지고 집 모형을 만든 것을 본 아이들은 협동
작품으로 더 다양화된 집 모형을 만들었습니다. 이 집은 세
명의 유아가 함께 의논하여 몸통보다 지붕에 더 공을 들인
집으로 지붕을 색색 테이프로 꾸민 작품이었습니다. 아이들
이 색색 지붕 집 모형을 가지고 교사에게 왔습니다.

"선생님, 이거 우리가 만든 거예요."
"와! 지붕이 색색이네!"
"네! 이거 우리 셋이 만든 거예요. 그래서 집에
가지고 갈 거예요."
"집에 가지고 간다고? 만든 사람이 셋인
데…… 누구네 집으로 가지고 가지?"
"우리가 다 순서 정했어요! 오늘은
△△, 내일은 ☆☆, 그리고 그다음
날은 ◎◎가 가지고 갈 거예요."

자기 주도적인 놀이 속에서는
놀이뿐만 아니라 놀이 속 문
제 상황도 스스로 해결하는
것을 볼 수 있었습니다.

상자 놀이 6일째
깜짝 놀랄 만한 작품들이 나온다

일곱 번째, 상자 집의 모양이 더 다양해지다

상자를 이어
방 두 칸짜리 집 만들기

우리 사랑이들은 상자의 네 면 중 한 면을 가위로 잘라 사랑이들이 드나들 수 있는 공간으로 만들었습니다. 그렇게 만든 상자 두 개를 이어 방 두 칸짜리 집을 만들었습니다. 그리고 그 안에 들어가 앉아보기도 하고 상자와 상자가 잘 이어지도록 테이프로 더 튼튼하게 붙였습니다. 그리고 방의 크기가 작다고 생각되었는지 바닥에 상자를 더 깔고 붙여서 방의 크기를 점점 넓혀 갔습니다.

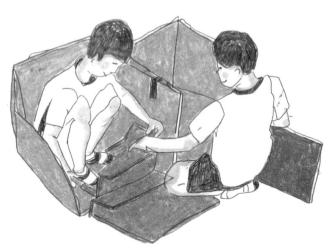

상자로 놀기 7일째
방 두 개, 창고 한 개,
직접 들어 갈 수 있는 집을 만들기 시작!

상자로 만든
작품 의도 이해하기

우리 사랑이들이 만들어 낸 집을 소개하겠습니다.
집에는 지붕과 방이 두 개 있습니다. 그리고 방 한쪽 옆에는
상자 박스를 연결하여 테이프로 붙여놓고 그 안에 상자 조각
들을 가득 넣어 놓았습니다.
또 다른 방 앞쪽에도 상자를 하나 연결해 놓았습니다.

자! 아이들의 생각을 읽어보세요.
상자 조각이 가득 든 이 상자는 무엇일까요?
"집을 짓는 자재를 넣어 두는 창고."
방 앞에 연결된 상자는 무엇일까요?
"집을 지으면서 나오는 쓰레기 분리수거장."
아이들 생각은 참 기발합니다.

방 두 칸짜리 집 완성

자재 창고

쓰레기 분리수거장

집 앞에
꽃도 그리고
울타리를 만들어봐!

한번은 교사가 놀이 제안을 해보았습니다.
"여기에 꽃을 그려서 정원으로 만들고 울타리를 세워 놓으면
멋진 정원이 있는 집이 되겠다. 그렇지!" 교사의 제안 놀이에
동조를 원하는 '그렇지!'라는 말을 사용하여 동조를 종용하였
지만 아이들은 대답조차 하지 않았습니다.

아이들은 집을 만들고 부수고 다시 만드는 과정이 즐거운 것
이지 멋진 집이나 성인이 생각하는 작품 같은 집을 만드는 것
에는 흥미가 없었습니다. 교사들은 놀이로 나타나는 작품들,
그러니까 버젓한 완성작을 가정으로 보내야 되지 않을까? 고
민하게 됩니다. 그러나 아이들의 놀이 특징을 이해하고 부모
님에게 설명한다면 그 부담에서 벗어날 수 있고, 유아의 놀이
과정 그 자체를 지지할 수 있을 것입니다.

여덟 번째, 유아의 놀이 목적 의도 하에
크고 작게 잘리는 상자들

놀이로 보이는
아이들의 마음,
오빠가 좋은 이유

한 사랑이는 학기 초부터 집에 가서 엄마에게 OO 오빠가 좋다고 말했답니다. 그러나 OO는 OO네 집 막내로 엄마와 아빠 그리고 형에게 투정을 부리는 아이였습니다. 그런데 놀이 사진을 보고난 후 사랑이가 OO 오빠를 좋아할 수밖에 없는 이유를 알게 되었습니다.

놀이 관찰 방법으로 사진 촬영은 사실적 정보를 담고 있습니다. OO는 집에서는 막둥이로 어린 모습을 보였지만 유치원에서는 자기보다 힘이 약한 동생들을 잘 살펴보다 어디선가 나타나 도와주는 아이였습니다. 이날도 OO는 동생 △△가 힘들게 두꺼운 상자의 한 면을 자르려고 하자 조용히 다가가 앉더니 "내가 도와줄까?" 하며 도움을 주고 있었습니다.

사회생활을 하는 어른들도 어떤 집단에서 어떤 역할을 하느냐에 따라 다른 모습으로 행동하곤 합니다. 아이는 그것을 알고 있었습니다. 집에서는 막내로, 유치원에서 한 살 많은 오빠로 사회적 역할에 따라 다른 행동을 하고 있었습니다.

왜 상자를
잘라야 했는지
알겠어!

힘들게 상자의 한 면을 잘라내던 아이들!

아하! 이렇게 연결해서 너희 둘이 같이 들어가고 싶었구나!

아이들의 생각을 읽을 수 있는 놀이였습니다.

박스 두 개를 이어
침실을 만들다

축하합니다!
당첨입니다!

한 사랑이가 상자로 보물 상자를 만들었습니다.

상자 안에 색종이를 접어넣고 친구들과 선생님에게 보물을
뽑아보라며 돌아다니고 있었습니다.

"선생님, 여기 보물 상자에서 보물을 뽑아보세요!"

"그냥 뽑으면 돼? 아, 떨려! 뭘 뽑아야지 좋은 것이 나오지?"

교사가 뽑은 종이를 건네주자 읽는 척하며 말합니다.

"당첨!"이라고 말하며 사랑이가 환하게 웃습니다.

뭐가 당첨됐는지는 중요하지 않습니다.

"그런데 탈락이 나오면 어떡해?"

"사실 여기는요, 탈락이 없어요!"

아이의 마음이 보였습니다.

아홉 번째, 유아의 경험과 지식이 더해지는 상자 놀이

동물원을
만들었어요!

상자 놀이에서 자신의 생각을 창의적으로 표현하는 한 사랑이는 많은 놀이를 만들어낸 아이입니다. 오늘도 한쪽 구석으로 상자를 가지고 가 무언가를 꼼지락꼼지락 만들고 있었습니다. 사랑이의 놀이를 가만히 바라보니 작은 상자로 건물을 세 개 만들어 놓았습니다. 그중 한 건물의 바닥은 초록색으로 색칠되어 있었고 그 위에 공룡들이 옹기종기 놓여 있었습니다.

"뭐 만드는 거야?"

"동물원이요!"

여기는
초식 공룡이
사는 곳이에요

사랑이는 초록색으로 색칠되어 있는 바닥을 손가락으로 가리키며 말했습니다.

"여기는 여러 가지 동물들이 있는 곳이에요! 여기 밑에는 초록색이죠. 왜일까요?"
"글쎄? 뭐지?"
"여기는 초식 공룡이 있는 곳이에요. 그래서 풀이 있어야 돼요."
"아, 초식 공룡이 풀을 먹어야 해서 이렇게 초록색으로 색칠했구나!"
"땡동! 선생님, 초식 공룡 하고 육식 공룡은 따로 있어야 돼요. 안 그러면 초식 공룡이 다 잡아먹혀요."

아이의 공룡에 대한 지식과 경험이 보이는 놀이였습니다.

육식 공룡은
배고프면
사나워져요

사랑이는 손가락으로 다른 건물을 가리키며 말했습니다. 아이의 손을 따라간 곳에는 육식 공룡이 있었습니다.

"육식 공룡은 배가 고프면 사나워져요. 그래서 이렇게 공룡 앞에 먹을 것을 갖다 줘야 돼요."

"여기 동물 앞에도 먹을 것이 있네?"

"네. 무서운 동물들도 배가 고프면 사나워져요. 그래서 먹을 것을 앞에 줘야 되는 거예요."

사나운 동물을 잘 다룰 수 있는 방법을 나름대로 생각하고 그것을 놀이로 표현하고 있었습니다.

지난번 축제에
가서 봤어요

또 다른 건물 위에는 파란색 풍선에 바람을 넣어 붙여 놓았습
니다.

"이건 뭐야?"

"지난번에 다녀온 축제에서 풍선이 팡 하고 터졌어요. 그랬더
니 꽃가루가 나왔어요. 그래서 그걸 만든 거예요."

지역축제에 다녀왔던 경험을 기억하고 놀이로 만들어낸 아
이였습니다. 아이의 놀이에는 자신의 지식과 경험이 표현되
고 있었습니다.

동물원 입구에 풍선 폭죽을
붙이는 아이

나는
달팽이예요

한쪽에서 두 명의 사랑이가 상자를 가지고 놀고 있었습니다.
상자를 머리에 썼다 벗었다 한참인 아이들의 놀이를 따라가
보았습니다.
"이건 무슨 놀이야?"
"달팽이 놀이예요!"
달팽이 놀이라니!
유아 주도 놀이는 상자를 머리에 쓰기만 해도 즐겁습니다.

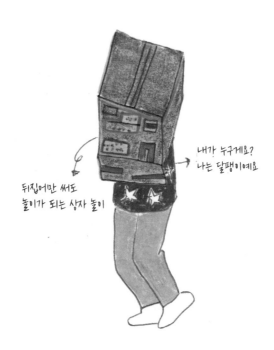

뒤집어만 써도
놀이가 되는 상자 놀이

내가 누구게요?
나는 달팽이예요

94

열 번째, 유아의 개별적 특성이 보이는 상자 놀이

인형 집을 만들던
여자아이들이
직접 들어갈 수 있는 집을 만들다

아이들의 개별 특성에 대해서 생각하게 되는 날이었습니다. 아이들의 개별 성향에 따라 몸으로 먼저 경험하는 아이, 머리와 눈으로 먼저 경험하는 아이, 겉으로 발산하는 아이, 속으로 발산하는 아이. 아이들 개별 특성은 모두 소중하고 특별했습니다.

우리 사랑반 여자아이들은 지금까지 집 모형을 만드는 것에 관심이 있었습니다. 그런데 오늘은 큰 상자와 작은 상자 조각을 연결하여 사람이 들어갈 수 있는 집을 만들기 시작했습니다.

아이들의 놀이가 참 흥미롭습니다.

집 모형만 만들던 여자아이들이
실제 들어갈 수 있는 집을 만들다

남자아이들 집과
합쳐볼래?

여자아이들이 만든 집을 보니 제법 크고 튼튼하게 잘 만들었
습니다. 그 옆에는 남자아이들이 집을 만들고 있었습니다.
그때 교사가 한 가지 제안을 했습니다.

"애들아, 너희 옆에 남자아이들 집과 합치면 집이 아주 커지
고 더 많은 친구들이 놀 수 있겠다."

아이들은 대답하지 않고 놀이에 집중했습니다. 더 이상 교사
의 제안을 주장하지 않고 놀이를 지켜보았습니다. 속으로는
조금 멋쩍었지만 그게 유아 주도 놀이를 지지해주는 방법이
라는 생각이 들었습니다.

내가 만든 집을
홍보합니다

집을 만들다 말고 한 아이는 큰 종이를 돌돌 말아 스피커를
만들었습니다. 그리고 이렇게 말했습니다.
"집 구경하러 오세요. 우리가 집을 만들었어요."
목소리가 큰 아이는 유치원 구석구석을 돌아다니며 친구들
에게 자신이 만든 집을 홍보했습니다.

'집을 만들었다'고
홍보하고 다니는 아이

이 집은
복도형 아파트입니다

집 홍보를 듣고 구경하러 간 집에는 여자아이들이 집 만들기를 마무리 짓느라고 바빴습니다. 이 집은 남자아이들이 만들어 낸 집과 조금 다른 구조를 가지고 있었습니다. 여자아이들이 만들어 낸 집을 소개합니다.

안녕하세요? 사랑반 모델하우스에 오신 것을 환영합니다. 처음 들어가며 만나게 되는 곳은 아파트 전실이라고 합니다. 여자아이들은 아파트의 현관을 생각했던 것 같습니다. 그리고 그 앞에 신발장을 만들고 그 위에 '신발을 올려놓으세요!'라고 글씨를 적어 놓았습니다. 신발장 위에는 쓰레기통을 만들어 놓았습니다. 아이들은 신발장 옆으로 상자를 이어 긴 길을 만들어 놓고 이곳을 복도라고 이야기했습니다. 아이들은 현관을 열고 들어가면 복도가 나오고 그 복도를 지나 들어가면 거실이 있는 집을 만들었던 것이었습니다.

남자아이들의 집을 구경하고 만드는 방법을 관찰하더니 자기들의 생각을 더하여 집을 만든 것이었습니다.

아파트를 완성한 아이들
쓰레기통
거실
신발장
전실
복도형

유치원에서
다양한 놀이를
하는 아이들

상자로 벌써 한 달 이상 놀고 있는 아이들.

그러나 상자 놀이 외에도 다른 다양한 놀이를 하고 있었습니다.

어쩜 우리 사랑이들은 이렇게 잘 놀까요?

오늘도 참 잘 놀았습니다.

열한 번째, 놀이의 확장, 어디로 튈지 모르는 유아 주도 놀이

더 이상
박스의 형태는
중요하지 않아!

유치원 교실 한쪽은 항상 상자와 상자 조각이 가득 쌓여 있었습니다.

상자를 오리고 테이프로 붙이고 조각을 내던 아이들에게 이제 더 이상 상자의 형태는 중요하지 않았습니다. 아이들은 상자의 원형 그대로의 입체 상자로도, 단면 상자 조각으로도 모두 방을 만드는 재료로 사용했습니다.
방을 만드는 방법을 아주 쉬웠습니다. 네모난 것만 갖다 놓으면 그냥 방이 되는 것이었습니다.

"나도 방 만들어줘!"
"응, 여기."
상자 조각을 툭 올려줘주었습니다.
"나도 방 줘, 오빠!"
"응, 여기."
오리고 붙이며 만들기에 치
중 했던 아이들은
이제 그 안에서 이야
기 만들어내는 것을
더 좋아했습니다.

교실 안에 쌓인 상자는
아이들의 애정 놀잇감

여자아이들이 만든 집과
남자아이들이 만든 집이
합쳐지다

'여자아이들의 집과 남자아이들의 집을 합쳐보는 것은 어떻겠니?'
얼마 전 제가 제안했으나 아이들은 수용하지 않았습니다.
그러나, 시간이 흐른 후 여자아이들과 남자아이들은 서로의 집을 합쳤습니다.

아이들은 스스로 필요하다고 느낄 때 그것을 놀이로 발전시켰습니다. 이때 교사의 섣부른 판단으로 미리 앞서가며 강요하게 된다면 아이들이 스스로 할 수 있는 기회를 빼앗는 것이라는 생각이 들었습니다.

집이 있으니,
이제 음식이 있어야지!

사람이 살아가는 곳에는 의식주가 필요합니다. 아이들은 놀이 속에서 그것을 알고 표현하고 있었습니다.

각자 방 하나씩을 갖고 들어가 있으니 먹고 싶은 것이 생겼는지 아이들은 미술영역의 재료들로 먹거리를 만들기 시작했습니다.

목공 본드 한 통을
플라스틱 통에
쏟아붓다

유아 주도 놀이를 하기 전 교사로써 스스로 다짐했던 마음을
놓쳐버린 날이었습니다.

아이들의 놀이를 관찰하고 기록하느라 교실의 구석구석을
돌아다니며 사진을 찍고 있던 중 어느 한곳에서 놀이에 꽤나
집중한 아이들이 있다는 것을 알아차렸습니다.
어떤 놀이를 하고 있나 보는 순간 '유아 주도 놀이를 인정하자'
라는 교사의 다짐을 놓아버리게 되었습니다. 그곳에서 놀고
있는 유아는 미술 재료로 올려놓은 플라스틱 통에 목공 본드
한 통을 다 쏟아붓고 빨대로 휘휘 저어 섞고 있었습니다.

"어~ 이건 아닌 거 같아! 이렇게 본드 한 통을 다 쏟아 넣으면
다음에 작품 만들 때는 무엇으로 만들려고 그래!"

본드를 다 쏟아부으면 안 되는 나름의 합리적인 이유로 본드
절약을 이야기하며 아이의 놀이를 제지하였습니다.
갑자기 아이들의 놀이가 멈춰졌습니다.

'인공지능 시대의
교육 패러다임의 변화와 놀이'
주제의 강연을 듣다

본드 절약을 이야기하며 유아 주도 놀이를 제지하던 날 오후 '인공지능(AI) 시대의 교육 패러다임의 변화와 놀이'라는 주제로 홍영일 박사의 강연을 듣게 되었습니다.

홍영일 박사는 우리가 살아보지 않은 미래를 살아가는 아이들에게 'Why?'라고 질문하는 것보다 'Why Not?'이라고 질문하는 것이 문제를 해결할 수 있게 한다고 하였습니다.

이 강연을 듣고 저는 본드 한 통을 다 쏟아부어 놀이를 하던 아이가 생각났습니다. 빨리 아이에게 미안하다고 말하며 목공 본드를 놀이에 충분히 사용해도 된다고 이야기해주고 싶었습니다. 어서 빨리 월요일이 되었으면 좋겠다는 생각으로 주말을 보냈습니다.

미래를 살아갈 우리 사랑이에게 'Why?'라는 질문은 유아 주도 놀이를 지지하지 않았던 것처럼 들렸을 것입니다. 우리 사랑이에게 'Why Not?'이라 말하며 유아 주도 놀이를 지지해야겠습니다.

Why? < Why Not?

미안해!
선생님이
잘못 생각했어!

월요일 아침이 되기만을 기다렸던 저는 아침에 아이들을 만나자마자 이야기했습니다.

"미안해! 선생님이 지난주 금요일에 공부를 하고 왔는데, 그 공부를 하다가 생각했어. 여기 있는 본드도 놀이할 때 필요하면 언제든지 가져다 써도 돼! 선생님이 잘못 생각한 것 같아! 미안해!"

"네~."

아이들은 신이 나서 좋아했습니다.

Why Not?
왜 안 되겠니?

목공 본드로
플레인 요구르트를
만든 아이

놀이는 의도하지 않은 우연성으로 꽃이 핀다고 했습니다.
목공 본드로 만든 먹거리를 보고 우연성으로 인한 놀이의 즐거움을 인정할 수 밖에 없었습니다.
목공 본드 한 통을 쏟아부어 만든 먹거리는 주말 동안 본드가 굳어서 꾸덕꾸덕해졌습니다.
꾸덕꾸덕 굳은 목공 본드는 플레인 요구르트처럼 되어 대형 마트 푸드 코트 앞에 전시되어 있는 음식 모형 같았습니다.

"와 ! 주말 지내고 왔더니, 본드가 굳었네! 꼭 요구르트 같다."
"어디요? 어디요?"
놀이를 주도했던 아이조차도 너무 신기해하였습니다.
"선생님이 사진 찍어주고 싶어!"
사진 속 아이의 얼굴은 자신의 놀이가 인정받았다는 것과 놀이의 우연성으로 멋진 음식 모형이 만들어졌다는 것으로 달처럼 환하였습니다.

열두 번째, 목공 본드 섞기 놀이로 확장된 놀이

선생님!
물 떠와도 돼요?

아이들에게 본드 섞기 놀이는 신세계와 같았습니다.

본드와 다른 여러 가지 물질을 섞는 활동은 쉽게 허용되지 않는 놀이였기 때문인 것 같았습니다. 저조차도 저의 아이가 어렸을 때 무언가에 물을 넣고 섞으려고 하면 쏟지 않을까? 는 염려의 시선으로 아이를 관찰인지 감시인지 지켜보았던 기억이 났습니다. 그런데 하물며 물과 본드를 섞을 수 있는 놀이라니! 아이들은 아주 즐거워했습니다. 교사도 즐거웠습니다. 아이들의 호기심과 궁금증 그리고 스스로 무언가를 창조해 낸다는 자신감이 보이는 놀이였습니다.

"선생님 물 떠 와서 섞어도 돼요?"

지난번 같은 실수를 하지 않기 위해 한 번 더 생각했습니다.

"웅, 그럼. 너희들이 놀고 싶은 재료는 다 갖다 써도 돼! 그런데 물이 쏟아지면 불편한 일이 생기니깐 물의 양은 너희가 쏟아져도 책임질 수 있는 양으로 떠 오는 것이 좋겠다.", "네!"

아이들은 자신의 제안이 허용이 된다는 그 자체로 기뻐하고 자신감을 얻었고 자기가 책임질 수 있는 양을 서로 이야기하며 스스로 생각할 수 있는 기회를 갖게 되었습니다.

"선생님, 내가 책임질 수 있는 양은 얼마큼이에요?"

"쏟아졌을 때 스스로 닦을 수 있는 정도의 양!"

"네." 아이들에게 선택의 기회를 주는 것은 아이에게 생각의 기회를 한 번 더 주는 것이었습니다.

인기 폭발!
목공 본드 섞기 놀이

우리 사랑이들은 물과 본드 그리고 플레이콘을 섞어서 색을
만들었습니다. 이 색은 마카롱의 파스텔 색이었습니다. 사랑
이들은 물과 플레이콘만 섞었을 때 느낌보다 본드를 섞어 묵
직하고 몽글몽글한 느낌을 더 좋아하였습니다.

인기 폭발! 목공 본드 섞기 놀이는 과학 놀이에서 시작되어
미술 놀이 그리고 역할 놀이로 번져 나갔습니다.
아이들의 놀이는 공간의 제한이 없었습니다.

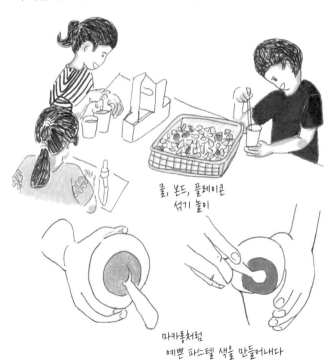

물, 본드, 플레이콘
섞기 놀이

마카롱처럼
예쁜 파스텔 색을 만들어내다

집에서 만들어 온
주사위 상자로 놀기

한 사랑이가 집에서 아이스크림 상자를 이용하여 주사위를
만들어 왔습니다. 사랑이는 주사위를 소중하게 보여주며 오
늘 집에 다시 가져가야 한다고 강조하여 말했습니다.

우리는 만들어 온 주사위로 숫자 모으기 놀이를 하였습니다.
총 다섯 번을 던져 나온 숫자의 합이 제일 많은 친구가 이기
는 놀이였습니다. 한 사랑이는 숫자를 기록하는 역할을 하였
습니다. 아직 숫자를 쓰지 못하였기에 동그라미를 숫자만큼
그려 기록하였습니다. 사랑이들은 상자 주사위를 던져 나온
숫자를 불러주고 칠판 앞에 있는 사랑이는 나온 수만큼 동그

상자와 블록

라미를 그려나갔습니다. 교사도 놀이에 참여하였습니다. 아주 스릴 있고 재미있는 놀이였습니다. 놀이를 하다 보니 숫자가 큰 쪽이 나오면 웃음소리가 커졌고 숫자가 작은 쪽이 나오면 속상한 마음을 표현하는 소리가 커졌습니다. 놀이가 즐거워질수록 놀이에 몰입이 되어 더 소란스러워졌습니다.

놀이 속에 교사가 함께 참여하면서 아이들을 이해할 수 있었습니다. '소란스러운 놀이, 시끄러운 놀이가 즐거운 놀이구나! 그렇다면 아이들의 놀이 속 소란스러움을 인정해야 되는 것이 아닐까?' 시끄럽고 북적이는 놀이를 하며 즐거워하는 아이들을 보며 놀이의 의미에 대해 다시 한번 생각하는 시간을 가졌습니다.

집에서 만들어 온
주사위 상자
오늘도 참 재밌게
노는구나!

상자 놀이에 빠진 아이들

열세 번째, 어떤 놀잇감을 지원할까?
교사의 고민이 들어간 놀이

문구사로
쇼핑 간 선생님

유아 주도 놀이를 하면서 저는 문구사에 아이쇼핑하러 가는 경우가 종종 생겼습니다. 문구사 여기저기를 다니다 보면 아이들에게 제시하기 좋은 놀잇감을 찾을 수 있었기 때문입니다. 본드와 물과 플레이콘을 섞어보면서 물질의 변화 과정에 재미를 느끼는 우리 사랑이들에게 더 제시해줄 놀잇감은 없을까? 고민하였습니다. 그러던 중 사랑이들에게 다양한 종류의 본드를 제공하여 본드마다 섞는 질감이 다른 것을 느껴보게 하기 위해 문구사로 갔습니다.

본드가 전시되어 있는 코너로 가서 무엇이 다른 질감을 줄까 고민하던 중 눈에 보이는 것이 있었습니다. 그것은 다름 아닌 세제 통만 한 크기의 통에 담겨 있는 물풀이었습니다.

그 물풀과 함께 제 머릿속에는 떠오른 장면이 있었습니다. 어린 시절 제 딸의 모습이었습니다. 그 당시 딸아이는 슬라임을 집에서 만들어보겠다고 책상 위에 이것저것을 늘어놓으며 종알종알댔습니다. 당장 딸아이에게 전화를 했습니다. 전화로 슬라임 만드는 재료를 물어보고, 엄마에게 슬라임을 만드는 방법을 알려 달라고 부탁하며, 재료를 사 가지고 집으로 돌아왔습니다.

딸에게
슬라임 만드는 법을
배우다

양손 가득 슬라임 만드는 재료를 들고 들어간 저를 보고 딸은 의아해했습니다. 딸의 말에 따르면 자기가 슬라임 만들 때는 그렇게 못마땅해하더니 웬일이냐는 것이었습니다.

그런 딸을 달래가며 슬라임 만들기를 배웠습니다. 다시 한번 느꼈습니다. 아이들의 놀이는 함께하여야 그 즐거움을 안다는 것을요. 어설프게 놀아줘야지 하는 마음으로 다가가면 놀이에 빠질 수 없습니다. 저의 딸이 슬라임 만들기에 빠져 있을 때 어설프게 딸이 좋아하는 것을 이해하는 좋은 엄마가 되려고 하였지만 그때는 재미있는지 몰랐었습니다. 그러나 아이에게 배워가며 만지고 놀아보니 슬라임이 꽤 재미있었습니다. 그전에는 물컹거리는 느낌이 싫었는데 이제는 물컹거리는 느낌에서 서서히 슬라임으로 변해가는 과정이 재미있었습니다. 그리고 만들어진 완성품을 보니 뿌듯하고 즐거웠습니다.

놀이는 유아만 설레게 하는 게 아니라 교사도 설레게 합니다. 어서 빨리 출근해서 아이들의 반응을 보고 싶은 마음이 들었습니다.

책상 위에 만들어진 슬라임과
슬라임 만드는 재료를
함께 올려놓다

드디어 아침!

유치원에 출근한 저는 제 책상 위에 두 가지 슬라임 재료를 올려놓았습니다. 그중 하나는 안전인증을 받은 슬라임, 또 다른 하나는 슬라임을 만드는 재료인 물풀과 글리세린 그리고 리뉴와 소다였습니다. 이렇게 두 가지를 책상 위에 올려놓은 이유는 어떤 아이가 슬라임을 만드는 재료에 관심을 두는지가 궁금해서였습니다. 등원하는 아이들이 제일 먼저 반응한 것은 안전인증을 받은 슬라임 완제품이었습니다.

"와! 선생님 이거 우리 가지고 놀라고 사온 거예요?"

"그럼, 가지고 놀고 싶으면 갖고 가서 놀아도 돼."

아이들의 얼굴엔 웃음이 가득하였습니다.

"슬라임에 넣어서 노는 재료도 있어요?"

"응 필요하면 가지고 가서 놀아도 돼." 하며 슬라임에 넣어 놀 수 있는 작은 구슬과 색을 낼 수 있는 반짝이들을 주었습니다.

"와~.", 아이들의 즐거움과 환호성은 다음에 또 놀거리로 무얼 넣어주지 하는 즐거운 고민을 하게 하였습니다.

슬라임 놀이는 재미있어

118

선생님,
이건 뭐예요?

관찰력이 뛰어난 우리 사랑이 중 한 명이 드디어 나머지 재료를 발견하였습니다.

"선생님, 이건 뭐예요?"

누가 먼저 재료를 발견하나 주시하고 있던 저는 너무 즐거웠습니다. 그리고 이 아이에게만 이야기하는 척했지만 목소리는 아주 크게 하며 슬라임 만드는 재료와 방법을 소개했습니다. 순간 우리 사랑반 교실은 조용해지고 모든 아이들은 귀를 기울여 저의 이야기를 들었습니다. 신기한 순간이었습니다.

"이것은 슬라임을 직접 만들 수 있는 재료야! 가지고 놀고 싶으면 갖고 놀아도 돼! 선생님이 딸한테 슬라임 만드는 법을 배워왔는데 알려줄까? 슬라임을 만들려면 물풀 3스푼, 글리세린 1스푼, 리뉴 1스푼 그리고 소다 3꼬집을 넣어야 된대. 여기서 글리세린은 부들부들하게 하는 역할을 하고 리뉴하고 소다는 딱딱하게 하는 역할을 한대."

아이들은 어떤 슬라임을 더 좋아했을까요? 완제품 슬라임을 더 좋아했을까요? 슬라임 만드는 재료를 더 좋아했을까요?

슬라임을
만드는 아이들

119

내가 만드는
슬라임이
더 재미있어요

속삭이듯 큰 소리로 말한 저의 슬라임 만들기 방법은 아이들
모두에게 전달되었습니다.
아이들은 줄을 서서 슬라임 만들기 재료를 가지고 갔습니다.
기다리는 아이들의 뒷모습에서도 기대하는 마음이 보였습
니다.

인간은 무엇인가를 창조해내면서 나의 존재감을 느낀다고
합니다. 무엇인가를 만들어내는 것은 놀이하는 즐거움뿐만
아니라 '나'라는 존재감을 알게 해주는 활동으로도 의미가
있습니다.
우리 사랑이들은 더 이상 슬라임 완제품에는 관심이 없었습
니다. 자신이 만드는 슬라임이 더 즐거웠습니다.

실패해도
괜찮아!

사랑이들이 만드는 슬라임의 성공률은 그리 높지 않았습니다.

"선생님, 잘 안 돼요. 아직도 물 같아요." 아이들의 질문은 연쇄적으로 터졌습니다.
"그럼 무엇을 넣으면 될까?"
"리뉴하고 소다요."
"맞아! 잘 안 돼도 괜찮아! 재료를 더 넣어보면서 만들어봐."
"너무 딱딱해요."
"무얼 넣으면 될까?"
"글리세린이요."

우리 사랑이들은 더 이상 실패가 두렵지 않았습니다.
아이들은 집 만들기를 할 때처럼 완성작을 원하는 것이 아니었습니다. 아이들은 슬라임을 만들어가는 과정을 즐기고 있었습니다.

슬라임 만들기 과정을
즐기는 아이들

줄을 서서
기다리는 아이들!

새롭게 재료를 넣어 슬라임의 변화를 관찰하려면 줄을 서야 했습니다. 왜냐하면 재료를 한곳에만 놓아두었기 때문입니다.
그 이유는 아이들에게 기다리며 느끼는 설렘과 기대 그리고 내 순서가 되었을 때 즐거움을 알려주고 싶어서였습니다.

아이들은 기다리면서 물질의 변화에 대하여 이야기를 나눴습니다.
"네 것은 너무 물 같아! 소다를 3꼬집 넣어야겠다.", "나도 물 같아. 나도 소다를 넣을 거야.", "나는 아까 소다를 너무 많이 넣었나 봐. 그래서 이번엔 부들부들해지는 것을 넣을 거야!"
아이들의 대화는 마치 연구실에서 실험에 대하여 이야기를 나누는 연구원들의 대화 같았습니다.

슬라임을 만들
기대에 찬 아이들

선생님,
우리 춘천으로
현장체험학습 가요!

슬라임을 만들며 놀던 사랑이들이 의자를 한군데로 모아 앉 았습니다.
웃음소리가 가득한 곳으로 따라가 보니 아이들은 버스 놀이 를 하고 있었습니다.

우리 체험학습 가요!

버스 운전기사 역할을 하는 사랑이는 역할영역의 빨강 냄비 뚜껑을 운전대 삼아 돌리고 있었습니다.

그리고 그 뒤에는 한 줄에 의자를 3개씩, 3줄을 놓았습니다.

운전을 하는 기사도 버스를 탄 승객들도 모두 즐거운 표정이었습니다.

사진을 찍는 교사를 향해 브이를 하며 포즈를 취하였습니다.

"애들아, 너네 어디 가니?"

"춘천으로 현장체험학습 가요."

오늘도 우리 사랑이들은 참 즐겁습니다.

얼마 전부터 사랑반에 이상한 소리가 들려왔습니다. 자세히 들어보니 새소리였고, 교실 안쪽에서 들려왔습니다. 새소리가 나는 곳으로 가보았습니다. "짹짹짹!" 새소리는 바로 주방 조리대 위 후드 안이었습니다. 그렇게 만나게 된 딱새네 가족은 사랑반 아이들에게 만남과 이별이라는 큰 선물을 주었습니다.

유아 주도 놀이를
따라가며 끄적이기

_ 사랑반에 온 아기 딱새 편

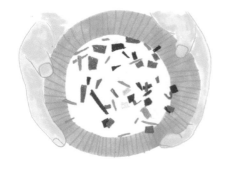

첫 번째, 이 소리는 무슨 소리지?

새집 가는 길,
딱새가 사랑반 주방에 둥지를 틀다

유치원 교실을 둘러보았습니다.

'어떡하면 교사가 소리 나는 곳을 찾아낸 것처럼 사랑이들도 소리를 찾아갈 수 있는 놀이 기회를 줄까?' 생각하였습니다. 그때 아침에 출근할 때 본 도로 교통 안전 표지판이 생각났습니다.

바로, 색 테이프를 가지고 바닥에 화살표를 그리고 '새집 가는 길'이라고 글씨를 썼습니다. 그리고 아이들이 오기만을 기다렸습니다.

곧 시끌벅적 아이들이 오는 소리가 들렸습니다. 눈썰미가 좋은 우리 사랑반 아이들은 바로 새집 가는 길 이정표를 찾아냈습니다.

"선생님 이게 뭐예요?"

"응? 무엇인 것 같아?"

130

"이쪽으로 가면 뭐가 있다는 것 같아요!"

"맞아! 화살표 방향으로 가면 뭐가 있다는 뜻이야!"

"뭐가 있어요?" 눈이 커진 사랑이가 물었습니다.

"글쎄?"

"여기 적혀 있네!!! 새. 집. 가. 는. 길."

"와, 우리 교실에 새집이 있어요?"

사랑반 사랑이들은 말이 끝남과 동시에 몸이 함께 움직였습니다.

"어디서 소리가 날까?"

"여긴 주방이잖아요?"

"맞아! 거기 주방 후드에서 무슨 소리가 나는 것 같은데? 잘
들어봐!"

"와! 새소리다!"

"그치! 선생님도 깜짝 놀랐어."

"새가 여기에 왜 들어간 거예요?", "어떻게 들어간 거예요?"

"아, 선생님도 궁금해서 찾아봤는데, 유치원 건물 밖에 여기 안으로 들어오는 구멍이 있더라구. 새들은 자신을 공격하는 큰 새를 피해서 벽 틈이나 구멍 속에 집을 짓기도 한대. 이 새들도 여기가 안전할 것으로 생각하고 집을 지은 것 같아."

아이들은 신기해했습니다. 그간, 코로나19로 인하여 유치원을 매일 운영하지 않았고 또한 주방을 사용하지 않자, 벽면 안의 후드 속이 집짓기 좋은 장소임을 딱새가 알아차린 모양이었습니다.

주무관님은 구멍을 들락날락 거리는 새를 보니 딱새인 것 같다고 말해주셨습니다.

교사가 새로운 놀이 주제가 될 딱새 둥지를 발견한 것은 행운이었습니다. 교사는 유아들도 교사처럼 딱새 둥지를 발견하는 기쁨을 느꼈으면 좋겠다고 생각했습니다. 그래서 처음 교사가 새소리를 따라 갔던 길을 그대로 따라갈 수 있게 이정표를 그려 '새집 가는 길'을 만들어 놓았습니다. 아이들에게 그냥 딱새네 집을 소개하는 것보다 이정표를 따라가며 새소리를 찾는 것이 놀이의 흥미를 높여줄 것이라 생각했습니다. 그 생각은 적중하였습니다.

★ 다음은 아이들과 함께 인터넷으로 찾아본 딱새의 정보입니다.

$\mathbb{Q}$ 딱새

딱새는 우리나라 전역에서 흔하게 관찰되는 약 14~15cm 정도의 크기의 텃새이다. 수컷은 머리 꼭대기와 뒷목이 회색이며, 머리의 나머지 부분과 등을 비롯한 몸의 윗면은 검은색이다. 암컷은 허리와 바깥꽁지깃이 황갈색이고 가운데 꽁지깃은 갈색이다. 배는 연한 회색 및 주황색을 띠며 날개에는 흰색 부분이 있어서 눈에 잘 띈다.

딱새는 주로 산, 공원, 인가 등지에서 생활한다. 주로 곤충류를 먹으며, 식물의 씨앗이나 열매 등도 먹는다.

딱새의 행동 습성은 단독으로 생활하며, 높은 장소에서 한곳을 응시하다 빠르게 내려와 먹이를 잡아먹는다. 나무 구멍, 오래된 집의 처마 밑, 쓰러진 나무 밑, 바위틈 등에 이끼류나 나무껍질 등으로 오목한 둥지를 만든다. 알은 흰색과 청색 바탕에 적갈색 반점이 있으며 대개 5개 정도 낳는다.

출처: 국립중앙과학관 우리나라 텃새

딱새야, 반가워!
환영해!

우리 사랑이들은 딱새 소식을 듣고 기뻐했습니다.

"선생님, 저는 새 둥지를 만들 거예요."
"저는 딱새 책을 만드는 중이에요."
"저는 딱새 그림을 그리고 있어요."

몇몇은 책상에 앉아 자연 관찰 책에서 새를 찾아 그림을 그렸고, 몇몇은 새가 살 둥지를 만들었습니다. 또 몇몇은 딱새에게 아기 잘 낳아서 잘 키우라고 편지를 썼습니다. 또 몇몇은 딱새 그림책을 만들었습니다. 저마다 자기 방식대로 딱새를 환영했습니다.

딱새 책을 만들다　　　　　　딱새 집을 만들자

우리도 딱새가 되어 보자
'새 날아라, 새 날지 말아라'

딱새가 유치원 주방에 집을 짓자, 새에 대한 관심이 높아졌습니다. 교사는 얼마 전 생태연수에서 배운 '새 날아라, 둥지 날아라' 놀이가 생각이 났습니다.

"얘들아 선생님이 '새 날아라 놀이' 알려줄까?"

"네! 그게 뭐예요?"

아이들에게 놀이를 알려주고 함께 놀이를 해보았습니다. 사랑이들은 아주 즐거워했고, 교사 없이도 이 놀이를 자주했습니다.

'새 날아라, 둥지 날아라' 놀이를 2단계로 나눠 진행했습니다. 먼저 1단계 놀이를 우리 사랑이들에게 소개했습니다.

놀이 방법: 새 날아라, 새 날지 말아라

술래가 "새 날아라." 하면 새들은 자리에서 일어나 다른 의자로 이동을 한다. 이때 다른 의자로 이동하여 앉지 못한 새는 술래가 된다.

술래가 "새 날지 말아라." 하면 새들은 움직이지 말아야 한다. 이때 움직이는 새가 있으면 그 새가 술래가 된다.

이 놀이를 통해 교사는 가르치는 사람이 아니라 배우는 사람이라는 것을 다시 한번 확인하게 되었습니다. 2019 개정 유아중심 놀이중심 교육과정이 새롭게 개정이 되어 현장의 교사는 많은 고민을 하게 되었습니다. 하지만 이전의 유치원 교육과정과 전혀 다른 교육과정은 아니었습니다. 다만, 유아와 놀이를 더 강조하고 '행복'이란 개념이 교육과정 속에 들어오게 된 교육과정이었습니다. 이에 교사는 놀이에 대한 다양한 방법을 알기 위해 다수의 연수에 참여했었습니다. 그 연수 중 하나에서 익힌 놀이가 이렇게 적재적소에 아이들과 하게 될지는 몰랐습니다.

1단계: '새 날아라, 새 날지 말아라' 미션이 있는 놀이로 쉽게 접근했습니다.

2단계: '새 날아라, 둥지 날아라'로 둥지 역할을 포함하여 한층 복잡하게 접근했습니다.

딱새가
반응하는 소리 찾기

"선생님! 이 소리가 딱새 소리랑 비슷해요."
"어떤 소리야?", "이 소리요."
아이들이 색종이를 꺼낸 비닐을 구기는 소리였습니다.
"어머 그러게! 그럼 딱새네 집에 가서 그 소리로 딱새에게 말을 걸어볼까?", "네! 좋아요!"

사랑이들은 딱새와 이야기 나누고 싶어했습니다.
딱새와 이야기를 나누고 싶은 사랑이들은 다양한 소리를 만들 수 있는 물건들을 가지고 줄을 섰습니다. 길게 늘어선 줄에서 마라카스를 들고 있는 아이, 캐스터네츠를 들고 있는 아이가 눈에 띄었습니다.

약간의 딜레마도 있었습니다. '주방이라는 곳을 아이들에게 항상 오픈해도 괜찮을까?'라는 생각이 들었습니다. 그러나 아이들을 믿기로 했습니다. 그리고 아이들과 약속을 만들었습니다. 교사는 주방 바닥에 후드 있는 곳까지만(다행히 후드는 주방 입구 부분에 있었습니다) 노랑색 종이테이프를 붙여주었습니다. 그리고 사랑이들에게 딱새네 집에 놀러왔을 때 이곳은 주방에서 사용하는 위험한 도구가 있으니 넘어서면 안된다고 이야기했습니다. 교사의 설명과 그 이유가 이해된 아이들은 바닥의 선을 넘지 않았습니다. 그래서 '딱새네 집에 놀러가기' 놀이가 잘 유지될 수 있었습니다.

딱새네 집
꾸며주기

"선생님, 딱새 한테 편지를 쓰고 싶어요."
"그건 너희가 하고 싶은 대로 하면 되지!"
"네! 알겠어요. 편지를 쓰면 딱새네 집에 붙여주는 건 선생님이 도와주세요."

"그럼 언제든지!!! 난 도와주는 선생님이 되고 싶거든!"

아이들은 편지와 그림 그리고 만들기 작품을 딱새네 집에 붙여주자고 제안하였고 곧, 아이들은 자신의 작품들을 교사에게 가지고 왔습니다. 그리고 교사는 그 편지를 딱새네 집에 붙여주었습니다.

사랑이들이 원하는 대로 사랑이들이 그려온 편지와 만들기 등을 딱새네 집에 붙여주었습니다. 그저 아이들의 놀이를 인정하고 그 놀이에서 아이들이 원하는 것을 돕는 것만으로도 충분한 놀이 지원이 되었습니다.

사랑받 주방 후드 안에
새집이 지어지다

사랑반에 온 아기 딱새 놀이 변화 과정

두 번째, 아기 딱새야, 네가 궁금해!

선생님 딱새가 궁금해요,
새에 대한 궁금증으로
책을 들고 찾아온 아이

사랑이 손에 책이 하나 들려 있었습니다.
사랑이는 책을 들고 책상 위에서 그림을 보고 있었습니다.

"뭐해?"
"새 책을 찾았어요."
"같이 볼까? 읽어줄까?"
"네!"

자연을 관찰하는 것은 호기심을 갖게 하고 그 호기심은 정보
를 찾기 위해 책을 보게 합니다.
누가 시켜서 보는 책이 아니라
사랑이가 궁금해서 직접 찾아보는
즉, 정보를 찾아 정보를
사용할 줄 아는 역량
을 키우는 사랑이
를 보는 순간!
이것이 진정한 놀
이중심 교육과정
의 진가가 아닐까?
하는 생각이 들었
습니다.

'새' 책을 찾아 읽어
달라는 사랑이

엄마 놀이하던 아이들,
딱새 가족 놀이로 변화

"우리는 엄마 놀이하는 거예요."
"엄마는 예은이에요."
"가윤이는?"
"가윤이는 큰언니예요."
"채윤이는?"
"아기예요."
"그런데 엄마는 어디 갔어?"
"엄마는 먹을 것 찾으러 갔어요."
"응?"
"딱새 엄마가 아기 딱새 먹을 것 찾으러 자꾸 날아가잖아요,
그래서 예은이 엄마도 먹을 것 찾으러 간 거예요."

어쩜 이리도 사랑스러울까요? 엄마와 아빠 딱새가 먹이를 찾
으러 둥지를 들어왔다 나갔다 하는 것을 관찰한 우리 사랑이
들은 엄마 놀이에도 딱새의 행동을 접목하기 시작했습니다.

"아~ 너희 딱새 가족이니?"
"네! 우리는 엄마 딱새, 큰언니 딱새, 아기 딱새예요."

이렇게 시작한 딱새 가족 놀이는 추후 더 큰 동극 놀이로 확
장되는 촉진제가 되었습니다.

미션이 더 많아진 2단계
'새 날아라, 둥지 날아라'

"선생님, '새 날아라' 놀이하고 싶어요."
"선생님도 하고 싶었어. 그런데 이번에 더 재미있게 해볼까?"
우리 사랑이들에게 미션이 더 늘어난 '새 날아라, 둥지 날아라'를 설명해주었습니다.

놀이 방법: 새 날아라, 둥지 날아라

새들은 의자에 앉는다. 둥지는 새가 앉은 의자 옆에서 손을 잡아 그 사이에 새가 들어가게 둥지를 만든다.

술래가 "새 날아라." 하면 새들은 자리에서 일어나 다른 의자로 이동을 한다. 이때 다른 의자로 이동하여 앉지 못한 새는 술래가 된다.

술래가 "둥지 날아라." 하면 새들은 움직이지 말고 둥지가 다른 둥지로 움직여 둥지를 다시 만들어야 한다. 이때 새 둥지를 만들지 못한 둥지가 술래가 된다.

술래가 "모두 날아라." 하면 새도 둥지도 새로운 장소로 이동하여 새와 둥지를 만들어야 한다. 이때 새로운 장소로 이동하지 못한 친구가 술래가 된다.

사랑이들은 한층 복잡해진 놀이가 재미있는지 한참을 즐겁게 놀았습니다.
'새 날아라, 둥지 날아라'는 교사가 생태연수에서 배운 놀이

새 날아라 둥지 날아라

방법이었습니다. 그러나 유치원 아이들에게는 세분화된 단계로 나눠 놀이를 변경하였습니다. 그 이유는 조금씩 미션을 높이는 것이 놀이에 대한 집중력과 이해도를 높일 수 있다는 생각이 들었기 때문입니다. 그래서 사랑이들에게 놀이를 지원할 때 '새 날아라, 새 날지 말아라', '새 날아라, 둥지 날아라'로 나눠 활동해보았습니다. 이렇게 세분화하여 소개한 놀이 방법을 아이들은 잘 익히게 되었습니다.

세 번째, 선생님 우리 교실에 딱새가 왔다 갔어요

새 깃털이
교실 바닥에 떨어져 있었다

아침에 출근해보니 신기하게도 새 깃털이 교실 바
닥에 떨어져 있었습니다. 아마도 만들기 재료 중
하나가 어디선가 나온 것 같았습니다. 그런
데 교사의 머릿속에서 번득이는 생각,
'아이들에게 한번 어디에서 나온 것
인지 물어볼까?'
"애들아 이것 봐, 이게 뭐지? 선생
님이 아침에 유치원에 왔더니 이게 여
기에 있었어!", "어머! 이게 뭐예요?"
아이들은 순간 아수라장이 되었습니다.

교실 바닥에 새 깃털이
떨어져 있던 날

"선생님, 주방에 있는 딱새가 우리 없을 때 교실에 들어온 것
이 아닐까요?", "그래? 그럼 어떻게 들어왔지?", "그건 딱새가
요술을 부렸나봐요!", "정말?" 바닥에 떨어져 있는 깃털 하나
가 사랑이들의 상상력을 확장시켰습니다.

때로는 아이들에게 사실을 알려주는 것보다 질문을 통해 상
상을 촉진하게 하는 것이 더 좋을 때도 있습니다. 스스로 놀
이를 확장하니까요. 우연히 떨어져 있던 깃털 하나로 아이들
의 흥미와 관심을 높일 수 있다는 사실을 다시 한번 경험하
게 되었습니다.

완성된
딱새 응원가와 딱새 자장가

"애들아, 우리 교실에 온 딱새에게 응원가를 만들어 주면 어떨까?"

교사가 딱새 응원가 만들기 놀이를 제안해보았습니다.

"좋아요! 그런데 어떻게 만들어요?"

"너희가 하고 싶은 말을 노래 속에 넣으면 될 것 같은데……."

"그래요?"

"딱새가 우리 교실에 아기 낳으러 왔잖아."

사랑이가 말했습니다.

"그러니깐 우리가 응원해야지."

다른 사랑이가 말했습니다.

"뭐라고 응원해줄까?"

"잘 키우라고 하면 되지요."

"잘 자라려면 어떻게 해야 하지?"

"우리 엄마가 쑥쑥 자라라면 잘 자야 된다고 했어요."

"그럼 잘자라고 하면 될까?"

"네!"

"엄마가 저 잘 때 자장가 불러줬어요! 자장가도 만들어야겠어요."

이렇게 해서 새알을 잘 부화시키라고 응원하는 '딱새 응원가'
와 잘 자라고 불러주는 '딱새 자장가'가 탄생했습니다. 사랑
이들은 주방의 후드 앞에서 여러 가지 다양한 악기를 연주하
며 노래를 불렀습니다.

〈딱새 응원가〉 - 떴다 떴다 비행기 개사

사랑반에 온 딱새 애기 낳으러 왔구나
사랑반에 온 딱새 잘 키워라

〈딱새 자장가〉 - 자장가 개사

잘자라 우리 딱새 사랑반 주방에서
사랑반 노래 들으며 잘 자거라

일상생활 속에서 노래를 뚝딱
만들어내는 아이들!!!
놀이 속에서 발견하는 것들은
아주 많이 있습니다.

네 번째, 하늘에서 온 선물

어?
이게 뭐지?

사랑이들은 여전히 운동장 놀이, 학교 숲 놀이를 좋아했습니다.

하루에도 몇 시간씩 나가서 놀아도 또 놀고 싶은 놀이가 운동장 놀이, 학교 숲 놀이였습니다.

오늘도 운동장과 학교 숲에서 놀고 있을 때였습니다.

"선생님, 여기 와보세요."

아이들이 한데 모인 곳으로 가보았습니다.

"어? 이게 뭐지?", "모르겠어요."

"어머, 아기 새잖아! 어머 살아 있나?"

"네. 가슴이 움직여요."

"여기 새집이 있나?"

"아니요. 없어요."

"선생님 얘 아프면 안 돼요."

"그래! 다행이야. 숨을 쉬어."

"얘 어디서 나왔지?"

"저기서 나온 거 같아요."

아이들이 가리킨 장소에 가보았으나 새집이 있을 만한 장소는 아니였습니다.

새에 대한 정보가 부족한 교사가 원감 선생님과 주무관님에게 S.O.S를 요청했습니다. 원감 선생님과 주무관님은 아마도

딱새 새끼인 것 같다고 이야기해주셨습니다. 그리고 딱새를
새 둥지에 넣어주려고 주변을 둘러보았습니다. 하지만 주변
은 딱새가 집을 지을 만한 곳은 없었습니다. 원감 선생님과
주무관님은 '아마도 천적이 물고 가다가 떨어트린 것이 아닐
까?' 하고 추측하셨습니다.

"사랑반! 이 아기 새는 딱새의 아기래."
"원감 선생님과 주무관님의 생각엔 주변에 둥지 지을 곳이
없는 곳으로 봐서 아마도 엄마 몰래 아기 딱새를 데리고 가던
큰 새가 떨어뜨린 것 같다고 하셔."

당일 놀이 기록 중 아기 새에 대한 기록

사랑이들과 운동장에서 놀이를 하고 있던 중에 일어난 '하늘에서 온
선물'은 정말 행운이었다.
이날, 나는 아이들과 상자를 실외로 가지고 나와 썰매 놀이를 하고 있었다.
썰매 놀이에서 다른 놀이로 이동하는 아이들을 따라 딱지 놀이를 하고
다시 돌아온 종이 상자 위에는 작은 생명체가 있었다.

자세히 보니 그건 작은 아기 새였다. 하늘에서 떨어진 것 같았다.
사실은 떨어지는 것을 보지는 못했다. 하지만 없던 새가 갑자기 나타났고
사랑이들도 아무도 가져다놓지 않았다고 했다.
그래서 하늘에서 떨어졌다고 표현할 수밖에 없다.

처음에는 아기 새가 움직이지 않는 것처럼 보여서 걱정이 되었다.
그런데 조금 뒤에 머리도 흔들고 날개도 푸드득거렸다.

하늘에서 뚝
떨어진 아기 새

사실, 작은 생명체가 상자 위에 놓여 있을 때의 첫 느낌은 낯
설고 징그러웠습니다. 아직 털도 나지 않고 쭈글쭈글한 작은
물체가 혹여 죽은 것은 아닐까? 걱정도 되었습니다. 만약, 주
방에 둥지를 튼 딱새들이 아니었다면 아이들의 시선을 다른
곳으로 돌리고 아무 일도 없었던 듯 그 자리를 떠났을 수도 있
었을 것입니다. 그러나 주방 둥지 딱새의 친근감 때문인지 아
이들은 '왜 여기에 있게 되었을까?' 궁금해했습니다.

마치 하늘에서 우리 사랑이들을 위해 보내준 선물 같은 존재
로 느껴졌습니다. 어떻게 사랑반 모두가 딱새에 대해 흥미를
가졌을 때 이렇게 작은 생명체가 우리에게 나타난 걸까요? 지
금 생각해도 믿겨지지가 않습니다.

유치원 주변에는 알게 모르게 아이들 놀이를 지원해주시는
분들이 많습니다. 이날 교사만의 경험으로는 잘 모르는 것들
을 알려주신 원감 선생님과 주무관님에게 감사했습니다.

배고픈 거 같아요,
먹을 것 갖다 줄까요?

"우선 만지지 말고 가만두는 것이 좋을 것 같아."
"이걸로 덮어주고 싶어요."
"이걸로? 그런데 불편해하면 어떡하지?"

몸을 흔드는 아기 딱새가 추워 보였는지 상자 조각을 덮어주고 싶다는 사랑이였습니다. 하지만 상자 조각의 무게는 아기 딱새에게 너무 무거울 것 같았습니다.

"선생님, 먹을 것 갖다줄까요?"

아기 딱새에게 먹을 것이 시급하다고 생각이 든 사랑이가 이야기했습니다.

"그래 가져다줘볼까?"
"네. 제가 찾아볼게요."

그리고 사랑이가 찾아온 것은 죽은 파리였습니다.

"여기에 놓아둘게요."
"어! 그런데 먹질 않아요."
"와! 그런데 먹고 싶은가봐요. 입을 쫙쫙 벌려요."

선생님,
제가 만든 새 둥지가 있잖아요

교사는 돌아갈 집이 없는 아기 딱새를 어찌해야 할지 걱정이
되었습니다.
"이 딱새를 어디에 넣어주지?", "선생님, 제가 새집을 만들었
잖아요.", "응?", "교실에 있어요!"
"맞다. 우리 사랑이가 만들어 둔 새 둥지가 있었지!"
사랑이는 뛰어 들어가서 자신이 만든 새 둥지를 가지고 나왔
습니다.
교사는 투명 플라스틱 상자를 가지고 와서 사랑이가 만든 새
둥지를 넣어주었습니다.

사랑이들은 새 둥지가 딱딱해 보
인다면서 나뭇잎을 주워와서 새
둥지 위에 깔아주었습니다.
그리고 솔방울을 주워와 투명
플라스틱 상자 안을 꾸며주었습
니다. 아주 그럴싸한 새집이 되
었습니다. 그리고 그 새집에 아
기 딱새를 넣어주었습니다.
사랑이들이 만든 새집에 들어간
아기 딱새는 종이 상자 위에 있
을 때보다 훨씬 안정을 찾아갔
습니다.

이 아기 딱새를
어떻게 해줄까?

"선생님, 아기 딱새 우리 교실에서 키워요!"

교사는 고민이 되었습니다.

'이 아기 딱새를 어떻게 하지? 아이들이 좋아하니 교실에서 키워야 하나? 아기 딱새에게 스트레스가 되진 않을까?'

생각이 많아졌습니다.

그래서 원장 선생님에게 이 상황을 상의해보았습니다.

원장 선생님은 조류에 있는 병균을 걱정했습니다.

사랑이들과 이야기를 나눴습니다.

"얘들아~, 이 아기 딱새를 교실에 두는 것은 안 될 것 같아!"

"왜요?"

"간혹 아픈 새들에게는 병균이 있다고 해. 교장 선생님은 그 병균이 혹시 우리 사랑이들을 아프게 할까봐 걱정되신대."

"……."

실망한 사랑이들. 마땅한 생각이 나지 않아 속상한 교사. 그 속에서 한 줄기 빛과 같은 이야기를 하는 사랑이가 있었습니다.

"선생님! 우리 주방 딱새 집에 넣어주면 되잖아요."

한 줄기의 빛처럼 내려온 사랑이의 말로 다른 사랑이들은 얼굴이 환해졌습니다.

그런데 한 사랑이가 말했습니다.

"그런데 딱새 엄마가 내 아기 아니라고 먹이를 안 주면 어떡해요?"

"......."

"아니야. 내가 지난번에 책을 봤는데, 맵새라는 새는 아기 뻐꾸기를 자기 아이처럼 잘 키운대! 딱새도 그럴 거야!"

몇몇 아이들이 맞다고 했습니다.

교사는 인터넷으로 정보를 검색해보았습니다.

그곳엔 강릉에서 한 부부가 관찰한 딱새의 이야기가 실려 있었습니다. 딱새도 자기보다 몸집이 큰 뻐꾸기를 키운다는 이야기였습니다.

"애들아, 딱새도 맵새처럼 다른 새의 아기를 키우기도 한대."

"정말요?"

"그래도 혹시 딱새 엄마가 아기 딱새에게 먹이를 안 주는지, 또 집에서 내보냈는지 우리가 자주 와서 살펴보자!"

"네. 좋아요."

신이 난 아이들의 목소리가 들렸습니다.

유치원 구성원간의 소통은 굉장히 중요합니다. 혼자만의 결정이 어려울 때 주위의 구성원과 협의하고 가장 좋은 방법을 찾아가는 것은 민주적인 유치원 운영이기도 합니다. 미처 생각 못했던 야생에서 태어난 조류에 대한 염려를 이야기해주시는 원장 선생님의 이야기를 듣고 어떤 지원을 해줘야 될까 고민했습니다. 그러나 유아 주도 놀이 속에서 아이들은 문제를 스스로 해결해가고 있었습니다. 놀이의 고민을 함께하는 것도 놀이 지원입니다. 아이들은 놀이 속에서 일어난 문제를 해결하는 주도성을 갖고 있었습니다.

딱새야,
사랑반 둥지에서 잘 살아라

학교의 주무관님에게 도움을 청했습니다.

"주무관님, 우리 반 아이들이 딱새를 발견했는데 아이들이 유치원 주방 둥지에 넣어주자고 하네요. 혹시 도와주실 수 있으신가요?"
"그럼요. 도와드려야죠."

사다리를 들고 온 주무관님은 주방 둥지로 통하는 유치원 벽면 앞으로 오셨습니다. 우리 사랑이들은 아기 딱새가 들어 있는 플라스틱 상자 새 둥지를 들고 그곳으로 갔습니다.

조심조심 아기 딱새를 둥지 안에 넣어주고, 아기 딱새가 잘 들어가는 것을 확인한 교사와 주무관님 그리고 우리 사랑이들은 안도의 한숨을 쉬었습니다.

그리고 이렇게 외쳤습니다.
"딱새야, 잘 살아라."

다섯 번째, 사다리 타고 딱새네 집에 놀러가기

주무관님,
우리 딱새네 집에 놀러가고 싶어요

유치원
주방
창문
→

딱새네 집에 놀러간 사랑이들

다음 날 우리 사랑이들은 딱새네 집에 놀러가고 싶어했습니다.

"선생님, 우리 딱새가 잘 있는지 보고 싶어요."

딱새 엄마 아빠의 마음일까요?

"그래? 어떻게 놀러 가지?"

"주무관님이 딱새 넣어줄 때처럼 사다리를 타고 올라가 보면 되잖아요."

"그래? 그럼 한번 놀러가 볼까?"

"저는 정글짐을 잘해서 사다리는 잘 올라가요. 이렇게 하는 거죠?"

정글짐을 좋아하는 사랑이가 말했습니다.

"너 구두 신어서 올라가기 힘드니깐 조심해라."

구두를 신은 사랑이가 걱정된 다른 사랑이가 말했습니다.

하지만 딱새 집은 구멍 안 깊숙한 곳에 마련되어 있어 보이지 않았습니다.

그러나 바닥에 아기 딱새가 떨어져 있지 않은 것만으로도 우리 사랑이들은 안심을 하고 놀았습니다.

여섯 번째, 아기 딱새 먹이 구하기

딱새가 벌을
먹을 수 있을까?

축구 골대 앞에서 모여 있는 사랑이들을 발견하고 그 앞으로
가보았습니다.

"왜 무슨 일이야?", "벌이 있어요."
"벌은 만지지 안 돼!", "아니에요. 여기 가만히 있어요. 죽은
것 같아요."
"선생님, 저희가 딱새 먹이를 찾고 있었는데요. 딱새가 죽은
벌을 먹을 수 있을까요?"
"지난번 딱새에 대해서 알아봤을 때 벌도 딱새의 먹이라고
했던 것 같아."
"네, 그래요? 그럼 이거 딱새 둥지 앞에 놓아줄까요? 그리고
우리가 먹을 것을 더 찾아볼게요."
"그럼 내가 새 둥지 가지고 와볼
게!"

딱새 먹이를
찾아 나선 사랑이

먹이를 찾는 사랑이들, 둥지를
찾아오는 사랑이들로 나눠져서
딱새의 먹이를 찾아다녔습니다.

그렇게 스무 명의 사랑이는 아기
딱새의 엄마와 아빠가 되었습니다.

선생님,
개미를 잡는 것이 쉽지가 않아요!

운동장에서 가만히
쪼그려 앉아 있는 한
사랑이를 발견, 교사
는 사랑이에게 다가
갔습니다.

"○○야, 지금 뭐하는
거야?"
"새 둥지를 지키고 있어요."
"왜?"
"새 먹이를 잡아서 이곳에 넣어 두려고요."
"어떤 먹이를 잡으면 되지?"
"아! 개미를 잡아서 주려구요!"
"그래? 좋은 생각인걸!"
"그런데…… 그런데…… 개미를 잡는 것이 쉽지가 않아요!"

한껏 심각한 우리 사랑이의 말을 듣고 웃지 않을 수가 없었습니
다.
새에게 먹이를 주고 싶어 아빠 새처럼 먹이를 찾고 있지만 개
미가 너무 빨라 잡을 수가 없다는 탄식을 들으니, 우리 사랑
이의 안타까운 마음이 느껴졌습니다.

선생님 딱새만 아기가 아니예요,
올챙이도 아기예요

"나 개구리 봤어! 조그맣고 갈색이야!"

"나도 봤어!"

"나는 못 찾았어!"

"내가 알아. 여기 비켜봐, 바로 여기!"

"여기! 여기! 하하하, 찾았다 찾았다."

"선생님 올챙이도 아기잖아요, 개구리 아기요."

"맞아. 올챙이도 아기야."

자연 속에서 아기 딱새와 유목화를 지으며 관찰하는 우리 사랑이들입니다.

일곱 번째, 아기 딱새 모자 만들기

아기 딱새
모자 만들기

사랑이들은 도화지에 아기 새 그림을 그리기 시작했습니다.
털이 꼬불꼬불 파마한 새, 알록달록 몸통 새 그리고 그 새 그
림을 오려 종이컵에 붙여 작은 모자처럼 만들었습니다.
이렇게 완성된 아기 딱새 모자를 들고 와서는 교사에게 이야
기합니다.
"선생님, 여기에 고무줄을 연결해주세요."
"와! 멋지다."
매일매일 새로운 놀이로 확장되어 갔습니다.

종이컵으로
만든 새 모자

교사,
아기 딱새 모자를 쓰고
교실을 돌아다니다

교사도 사랑이들처럼 아기 딱새 모자를 만들어서 머리에 쓰고 교실을 돌아다녔습니다.

"안녕, 나는 하늘에서 뚝 떨어진 아기 새야! 너희 뭐하고 노니?"
"나는 샐러드 만들어."
"조금 있다가 맛보게 해줄게."
"응. 꼭 불러줘!"

또 다른 놀이를 하는 사랑이들에게 갔습니다.
"쨱쨱쨱, 나는 하늘에서 뚝 떨어진 아기 새야. 너희 뭐하고 노니?"
"우리 아기 놀이해."
"나도 딱새 아기야. 넌 누구 아기야?"
"나는 지유 아기야. 엄마가 지유야."
"너네 엄마는 지유니? 우리 엄마는 딱새야."

이때, 머리 위에 아기 딱새 모자를 쓰고 놀이를 하는 사랑이를 발견, 교사는 다가가서 물어봤습니다.
"안녕! 너도 아기 새니? 나도 아기 새야. 넌 무슨 아기 새야?"
"나는 물 먹는 아기 새야."

하하하, 웃음이 터졌습니다.

새의 종류가 나올 것을 예상하고 물어봤는데, 지금 하는 행동을 표현하다니!
아이들의 놀이 속으로 들어가면 참 재미있고 유쾌합니다.

교사로서 저는 '딱새 모자 만들기' 놀이가 더 확장되기를 기대하며 직접 아기 딱새가 되어 교실을 돌아다녔습니다. 사랑이들은 아기 딱새가 되어 교실을 돌아다니는 교사를 아기 딱새인 마냥 대해줬고 아이들의 놀이를 아기 딱새의 관점에서 관찰할 수 있었습니다.

이런 교사의 모습이 아이들의 동극 활동에 작은 자극을 준 것은 아닐까 생각이 듭니다.

여덟 번째, 첫 번째 공연 준비

첫 번째 공연,
아차, 초대장을 안 만들었잖아

사랑이들은 아기 딱 새 모자를 만들더니 공연을 해야겠다고 이야기했습니다. 그러더니, 사랑이들끼리 초대장을 만들어야 된다고 이야기했습니다.

동극 초대장을 만드는 사랑이들

"초대장을 어떻게 만들 건데?" 제가 물었습니다.

"초대장 쓰고 '공연에 오세요' 이렇게 쓰려구요!"

"글씨는 누가 써? 글씨 쓰는 거 힘들지 않겠니?"

"아니요."

"선생님이 칠판에 글씨 써줄까?"

"아니요. 이거 초대 맞아요? 초대장의 장은 '자'에다가 'ㅇ'이 맞아요?"

고개를 끄덕였습니다.

"'공연에 오세요'도 적어야지." 다른 사랑이가 말했습니다.

"응. '공연에 초대합니다.'라고 쓸게!"

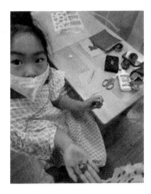

사랑이는 공연에 오라는 다른 표현으로 '초대'라는 말을 사용하는 것을 알고 있었습니다.

또 다른 사랑이는 애벌레를 만들어와서 이야기합니다.

"야, 이거 애벌레 어때?"

"응, 좋아. 애벌레가 이렇게 꿈틀꿈틀거리다가 알을 툭 쳐서 알이 바닥에 떨어지고 알에서 아기 새가 나오는 거야!"

공연의 시작점을 이야기로 만들어내는 사랑이입니다.

동극 소품을
만들어야지!

사랑이들은 동극을 하려고 '딱새의 먹이'를 만들기 시작했습니다.

전날은 동극 초대장을 만들다가 점심시간이 되어 공연을 하지 못한 사랑이들이었습니다.

사랑이들의 놀이는 다음 날로 연결되고 유치원에 등원하자마자, 동극을 위한 여러 가지 준비를 하기 시작했습니다.

"이건 뭐야?"

"딱새 먹이예요."

"어떻게 만들었어?"

"먼저, 목공 본드를 종이 접시에 뿌리고 색종이를 오려서 뿌렸어요. 그리고 뽕뽕이를 오려서 올렸어요. 그리고 종이 빨대도 오려서 뿌렸어요."

"진짜! 맛있어 보인다."

1차
'사랑반에 온 아기 딱새' 공연

사랑반 사랑이들이 준비한 1차 아기 딱새 공연은 아주 간단하게 진행되었습니다.

두 마리의 아기 딱새 모자를 쓴 딱새가 출연하였고 세 명의 사회자 겸 놀이하는 친구들이 등장하였습니다. 그리고 한 명의 무대 연출가가 출연하였습니다.

1차 '사랑반에 온 아기 딱새' 공연 극본

"가위바위보." 세 명의 아이들이 놀이를 하고 있었습니다.
그때, 아기 새들이 갑자기 나타났습니다.
"짹짹짹." 두 명의 딱새 역할을 맡은 아이가 울면서 나타났습니다.
놀이를 하던 세 명의 아이들은 딱새에게 먹을 것을 구해와 먹여주며 보살펴주었습니다.

사랑반 유치원 교실에는 단차를 내어 구성된 작은 공간이 있었습니다. 교사가 이곳 유치원으로 발령이 났을 때, 제일 눈에 띄는 공간이었습니다. 교사는 처음 보자마자 이 공간은 공연 무대로 사용해야지 생각했습니다. 놀이 공간을 어떻게 구성하느냐도 놀이의 흐름에 많은 영향을 주고 있었습니다.

아홉 번째, 자연에 관심이 많아진 사랑이들

내가
만든 꽃병

"선생님, 교실에서 요구르트 병 가지
고 올래요."
"그래, 조심해서 다녀와!"
우리 사랑이들은 자연에 친숙해지고
있었습니다.
요구르트 병을 가지고 온 사랑이들
은 요구르트 병에 유치원 숲에 피어
있는 들꽃을 꽂기 시작했습니다.
"와! 너무 이쁘다."
"나는 이거 엄마 선물로 가져다줄 거야!"

그때 한 사랑이가 달려와 아주 근사한 것을 발견했다는 듯 이
렇게 말했습니다.
"선생님, 나는 꽃만 꽂지 않고 여기에 초록색 잎을 더 넣었어
요. 이거 봐요."
꽃과 함께 초록색 큰 잎을 넣어주니 더 싱그러워 보였습니다.

누가 알려주지 않아도 어울리는 것을 찾아내는 우리 사랑이
들입니다.

물통을
옮기는 방법

수돗가에서 모래놀이장으로 물을 옮기는 아이들이 보였습니다.
둘이 같이 물통을 들다 무거운지 땅에 내려놓자, 이번에는
한 사랑이가 물통을 가슴까지 들어올리고 걸었습니다. 이
때, 불안해 보였는지 옆에 있던 사랑이가 와서 같이 들어주
었습니다.
그리고 무거운지 다시 내려놓았습니다.
그러다 둘이 함께 물통을 끌기 시작했습니다. 균형이 맞지
않은 물통에서 물이 줄줄줄 흘러 쏟아졌습니다.

두 아이는 '이러면 물이 다 쏟아지겠다.'는 생각이 들었는지,
물통을 가운데 두고 양쪽 끝에서 두 손으로 물통을 잡았습니
다. 이 방법으로 지금까지보다 제법 몇 걸음 걸어가더니 서
로의 얼굴을 바라보며 좋아서 웃었습니다.
그러다 다시 무거운지 물통을 내려놓았습니다.

이때, 제가 두 아이에게 다가가 말했습니다.
"손잡이를 같이 잡아봐. 너무 무거우면 물을 조금 버리고!"
저의 말을 듣던 한 사랑이가 교사에게 무슨 비법을 알려주는
듯 웃으며 다가왔습니다.
"선생님, 그거 알아요? 하하하. 저기서 오다가 물을 실수로
엄청 많이 쏟았어요. 하하하."

"그래? 그 실수로 엄청 가벼워졌겠는걸! 어쩌면 좋은 실수네.
모자라면 또 떠오면 되지 뭐."
교사의 말을 듣더니 웃으며 다시 물을 들고 걸었습니다.
다시 한번 물을 넣은 물통을 옮기는 사랑이들!

이번에는 다른 방법을 사용하여 물통을 옮기고 있었습니다.
이번 방법은 하수구 길을 철길 삼아 물통을 옮기는 방법이었
습니다. 그런데 물통을 옮기던 중 물이 쏟아져 양말이 다 젖
었습니다.

교사는 양말이 젖은 사랑이가 깔끔한 성향의 아이라서 놀이
가 어떻게 진행될지 약간은 걱정이 되었습니다.
그러나 교사의 걱정과 달리 사랑이는 놀이 속에서의 이런 불
편함 정도는 그냥 스칠 수 있었는지, 아무렇지 않게 양말을
벗었습니다. 그리고 양말을 벗다 잘못 디뎌 흙이 묻은 발을
흙탕물 물통에 담궜습니다.
깔끔쟁이 사랑이의 돌발 행동에 그 자리에 있던 교사와 사랑
이들은 다 같이 웃었습니다.
물통 하나를 옮기는 것이 이렇게 우리에게 즐거움을 주는 놀
이라니!

'만약 이 물통을 교사가 옮겨주었다면 이러한 즐거움을 본의 아니게 빼앗을 수도 있었겠다.'는 생각이 들었습니다. 이렇게 일상생활 속에서 일어나는 작은 사소한 것들이 다 놀이가 될 수 있습니다.

상큼 열매
음식 만들기 놀이

몇몇 사랑이들이 유치원 숲 나무 아래 그늘 속에 돗자리를 깔고 놀고 있습니다.

그중 두 명의 사랑이가 이야기를 나누고 있었습니다.

"열매 딸려구?", "웅! 열매로 음식 만들 거야."

그러다가 친구 원피스에 있는 나뭇잎을 보더니 "와! 너두 나뭇잎이네."라고 말했습니다.

이때, 놀이에 참여하고 있는 한 사랑이가 영상으로 놀이를 기록하는 교사에게 오더니 놀이를 설명했습니다.

"선생님~ 우리 상큼 열매를 따려구요!"

"상큼 열매?", "네 여기는 상큼 열매가 아주 많아요."

그 상큼 열매라는 것은 보리수였습니다.

"그래. '보리수'를 따서 음식 만드는 놀이를 하는구나?"

"네!!! 우리가 음식을 다 만들면 선생님을 부를게요."

"웅. 꼭 불러줘."

"그런데 열매를 너무 많이 따면 자연 속에서 음식을 찾는 생물이 못 먹을 수도 있으니깐, 적당히 따줘."

"네~."

자연은 아이들의 놀이터, 그 자체입니다.

열 번째, 두 번째 공연 준비

딱새 가면 쓰고
'딱새 응원가' 불러주기

여전히 사랑이들은 주방 후드 안 딱새네 가족들에게 관심이 많았습니다.

사랑이들은 오페라 〈마술피리〉 동극 소품인 새 가면을 쓰고 주방 안으로 들어갔습니다.

이를 본 교사는 '딱새와 같은 새의 모습으로 친구네 집에 놀러가는구나!'라는 생각이 들었습니다. 사랑이들은 딱새 친구들에게 악기 연주와 함께 〈딱새 응원가〉를 불러주었습니다.

"사랑반에 온 딱새, 아기 낳으러 왔구나. 사랑반에 온 딱새, 잘 키워라."

그런데 신기하게도 응원가를 불러줄 때와 자장가를 불러줄 때 사용하는 악기가 달랐습니다.

'응원가용 악기'는 우드블록이나 탬버린 같이 힘이 들어가는 악기였고, '자장가용 악기'는 캐스터네츠나 트라이앵글 같이 작고 부드러운 소리가 나는 악기였습니다.

어떤 노래에 어떤 악기가 어울리는지 놀이 속에서 스스로 찾아내는 사랑이들이었습니다.

사랑이들은 엄마가 사랑을 가득 담아 불러주는 자장가처럼 〈딱새 자장가〉를 불러주었습니다.

동극 속에 '실제 우리가 놀이하는 장면' 연출하여 넣는 사랑이들

"선생님, 우리 동극할 거예요. 땅땅땅 벨을 쳐서 친구들에게 알려주세요."
"그래! 언제쯤 준비가 돼?"
"우리가 준비되면 알려줄게요."

머리를 맞대고 의논을 하던 네 명의 사랑이들이 이제 준비가 다 되었다고 친구들에게 공연이 시작됨을 알려달라고 하였습니다.
교사는 벨을 세 번 치고 이렇게 말해주었습니다.
"잠시 안내 말씀드립니다. 사랑반 공연장에서 공연이 시작된다고 하니, 공연을 관람하실 분은 공연장으로 오시기 바랍니다. 공연을 관람하지 않으실 분은 공연하는 동안만큼은 공연에 방해되지 않게 작은 소리로 놀이하시기 바랍니다. 감사합니다."

아이들은 공연장으로 꾸민 장소의 의자에 하나둘 모여 앉았습니다. 공연이 시작되었습니다.
아이들은 공연의 시작을 노래로 하고 싶다며, 사랑반 아이들이 만든 〈딱새 응원가〉를 틀어달라고 요청하였고 노래와 함께 아이들의 공연이 시작하였습니다.

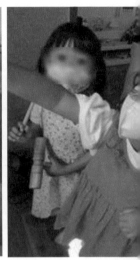

#1. 사랑반 친구들의 놀이 장면 연출

네 명의 친구들이 가위바위보 놀이를 표현하였습니다.
사랑이들은 가위바위보를 해서 이기는 승자는 승자자리에서
가위바위보 도전을 받고 진 사람은 줄의 뒤로 돌아가는 놀이
를 하는 장면을 연출하고 있었습니다.

#2. 아기 딱새가 나타나는 장면 연출

"이제 아기 새 나와." 하자 〈마술피리〉의 새 가면을 쓴 사랑이가 나왔습니다.

우리가 딱새를 발견한 장면을 동극에 담아 연출하는 우리 사랑이들에게 깜짝 놀라는 순간이었습니다.
"와! 너희들 우리가 딱새 발견한 그 순간을 이야기하는 거니?"
"네! 우리가 놀고 있을 때 딱새가 갑자기 나타났잖아요."

놀이 속에서 아이들은 교사의 생각을 뛰어넘었습니다.

공연 중의 관람 예절을 놀이 속에서 알려주기 위해 안내방송을 해보았습니다. 공연을 보고 싶지 않으면 관람하지 않아도 되지만, 공연 중에는 공연을 방해하지 않게 목소리를 낮춰서 놀아야 한다고 알려주었습니다. 아이들은 놀이 속에서 자기가 선택한 놀이도 인정받으면서 다른 친구의 놀이도 존중하는 법을 알게 되었습니다.

새 먹이가
얼마나 줄었을까?

우리 사랑이들은 실외놀이가 끝나고 들어가는 길에는 꼭 바깥 딱새네 집 입구에 가보곤 했습니다. 그 이유는 실외놀이 하면서 사랑이들이 가져다 놓은 먹이를 얼마나 먹었는지 확인하고 싶은 마음 때문이었습니다.

"선생님, 딱새가 먹이 잘 먹었는지 보고 교실로 들어갈래요."
"응. 들어갈 때 한번 보는 것도 좋지."

바깥 딱새네 집 입구에 다녀온 아이들에게 물었습니다.

"너희들이 가져다 놓은 먹이가 좀 줄었니?"
"네. 조금 줄었어요!"

하하하 정말 줄었을까요?
정말 궁금했습니다.

열한 번째, 선생님 새집 안이 보고 싶어요

어떤 방법이면
새집 안을 볼 수 있을까?

"선생님, 새집 안을 보고 싶어요."
"그래, 선생님도 새집 안을 보고 싶어."

아이들 만큼 저도 궁금했습니다.
하늘에서 온 딱새가 잘 크고 있는지, 주방 둥지에서 알이 제대로 부화한 것인지, 매일 커지는 아기 딱새들의 소리 때문에 주방 후드 안 새집이 궁금했습니다. 그래서 외부 벽면으로 들어가는 새집 입구에서 사진을 찍어 확대해서 본 적이 있었습니다. 그러나 딱새 집은 너무 안쪽이라 찍히질 않았습니다.

교사인 저는 고민에 빠졌습니다. '어떤 방법이면 볼 수 있을까?, 건강 검진 때 사용하는 내시경 카메라 같은 것이 있으면 좋겠다.'는 생각이 들었습니다. 그래서 놀이를 지원할 수 있는 도구를 인터넷에 검색해보았습니다.

그렇게 찾아낸 귀이개 내시경 카메라!
저는 뛸 듯이 기뻤습니다.
우리 사랑이들의 놀이를 지원해줄 수 있겠다는 기쁨과 교사인 나도 드디어 새집 안을 볼 수 있겠다는 기쁨 때문이었습니다.

카메라로 촬영한 딱새 둥지(좌), 놀이 지원 도구인 내시경 귀이개 카메라(우)

설레는 마음으로 귀이개 내시경 카메라를 주문하고 기다리는
순간 교사도 아이처럼 신이 났습니다. 처음 보는 신세계 도구
로 아이들과 딱새네 집을 관찰할 시간이 기다려졌습니다.

3차 공연,
관람객이 보이는 곳에서
연기를 해야 잘 보인단다

아이들의 공연은 수정되고 또 수정되어 3차 공연까지 진행이 되었습니다. 시간이 지날수록 더 단단한 스토리를 구성해가고 있었습니다.

3차 공연에서는 사랑이들이 아기 딱새에게 먹이를 주는 장면을 연기하였습니다. 사랑이들은 먹이가 있는 구석에서 딱새에게 먹이를 주는 연기를 하고 있었습니다. 그래서 관람객들이 있는 자리에서는 그 모습이 잘 안 보였습니다.

교사가 제안을 해보았습니다.
"애들아! 무대 뒤쪽에서 아기 새들에게 먹이를 주면 관람하는 사람들에게는 잘 안 보여!"
"아! 그래요?"
사랑이는 바로 무슨 말인지 알아듣고는 무대 앞으로 먹이를 가지고 와서 연기를 시작하였습니다.

열두 번째, 공연을 하며 배우고 자라며 성장하는 아이들

4차
'사랑반에 온 아기 딱새' 공연

드디어 완성된 사랑반 사랑이들이 스스로 극본을 짜고 연출하고 소품을 마련하고 공연장소를 꾸민 4차 공연을 소개합니다.

4차 '사랑반에 온 아기 딱새' 공연 극본

사회자(친구 1 · 3): 지금부터 사랑반에 온 딱새 공연을 시작하겠습니다.

#1. 사랑반 친구들의 놀이 장면

사랑반 친구들이 놀이터에서 가위바위보 놀이를 하고 있었습니다.
친구1: 가위바위보.
친구2: 가위바위보.
(친구1이 보자기를 내어 이긴다.)
친구3: 가위바위보. (친구1에게 도전한다. 여러 번 같은 가위바위보를 내다가 마지막 가위를 내어 친구 1을 이긴다. 친구1은 줄의 맨 뒤로 간다.)
친구2: 가위바위보. (친구3에게 도전한다. 친구2는 보자기, 친구3은 주먹을 낸다.)
친구1: 가위바위보. (친구2는 보자기, 친구1은 가위를 낸다.)

#1. 사랑반 친구들의 놀이 장면

#2. 큰 비닐 봉투를 알이라고 설정하고 알을 깨고 아기 새 등장

엄마 새는 친구들이 놀이하는 모습을
지켜보다가 3개의 새알 근처로 간다.
무대 한쪽에 세 마리 아기 새들이 큰
비닐 봉투(새알) 안에 들어가서
대기한다.
엄마 새는 큰 비닐 봉투 위로
새알을 토닥거리고 있다.

#2. 아기 새, 알을 깨고 등장

→ 쓰레기 봉투

"아기 새, 세 마리 등장해."
연출가가 외친다.
연출가의 외침에 딱새들이 비닐 봉투를
뜯고 튀어올라 무대에 등장한다.

엄마 새: 아기야, 아기야. (엄마 새는 아기
새 뒤에서 아기 새를 바라보며 외친다.)

#3. 아기 새를 발견한 사랑이들

사랑반 친구들과 아기 새들의 첫 만남
친구3: 아기 딱새가 어디서 나왔지?
친구1: 잘 모르겠어.
친구2: 우리 아기 딱새에게 먹이를 주자.
친구1 · 3: 그래! 그래!

#4. 아기 딱새에게 먹이를 주는 사랑이들

(친구3은 준비한 음식을 가지고 무대 앞으로 나온다.)
친구3: 이거 먹어.
아기 딱새1 · 2 · 3: 쨱쨱쨱. (먹이를 맛있게 먹는다.)
엄마 새: 아기야, 아기야. (엄마 새가 아기 새들 뒤에서 아기 새를 부르지만
아기 새에게도 친구들에게도 들리지 않는다.)

"아기 딱새는 먹이를 먹고 힘이 나서 날개짓을 했어요."
연출가가 내레이션을 한다.

#4. 아기 딱새에게
먹이를 주는
사랑이들

아기 딱새
가면

JRLDNC

#5. 엄마 새 등장

그때, 엄마 새를 발견한 친구3이 외친다.
친구3: 엄마 새다. (엄마 새가 등장한다.)
"엄마 새가 아기 새를 안아서 주방 둥지로 가야지." 연출가가 말한다.
그러나 엄마 새 힘으로 아기 새를 옮기지 못하자 연출가가 교사에게
출연을 요청한다.

#6. 엄마 새가 아기 새를 주방 둥지로 옮기려고 하나, 힘이 부족하여 교사를 극 속으로 초청

("선생님 도와주세요." 연출가가 말한다.)
선생님: 너희들, 아기 딱새 발견했니?
공연하는 친구들, 관람하는 친구들: 네.
선생님: (관람객을 바라보며) 딱새를 어디서 키우면 좋을까?
관람하는 친구들: 사랑반 주방 둥지에서요.

#7. 사랑반 주방 둥지로 가는 아기 딱새1・2・3

선생님: 그래. 그러면 내가 아기 딱새를 안아서 사랑반 주방 둥지에 데려다줄 게.
(딱새1을 안아주자 관람객에서 손을 흔들며 여유를 부린다. 딱새2는 관람객에게 손을 흔든다. 딱새3은 주방 쪽을 바라보며 웃으며 간다.)

#8. 동극의 마지막을 알리는 음향 요구

사회자(친구1·2·3): 이상으로 사랑반에 온 딱새를 마치겠습니다.
〈딱새 응원가〉 음악을 틀어주세요.

#9. 음향이 마음대로 되지 않아 속이 타는 음향 감독들

음악이 제대로 나오지 않자 음향 감독 둘이 몹시 당황한다.

#10. 괜찮아요! 이런 게 공연 실황이죠.

#11. 사랑반 〈딱새 응원가〉로 마무리

음악이 나오자 연기자, 관람객 모두가 〈딱새 응원가〉를 부른다.
(연기자는 모두 무대 위로 나와 인사를 한 후 노래를 부르고, 관람객은 자유롭게 일어나서 춤을 추면서 노래를 부른다.)

〈딱새 응원가〉
사랑반에 온 딱새, 아기 낳으러 왔구나! 사랑반에 온 딱새 잘 키워라!

교사는 사랑이들의 부모님들에게 각 장면마다의 특징을 글로 적어 공연 영상을 편집하여 보내드렸습니다. 부모님들은 우리 사랑이들의 놀이가 어떻게 변화되었는지 놀이 실행안을 보고 알고 있었지만 이렇게 직접 영상으로 공연 실황을 보게 되니 사랑이들의 놀이에 더욱 관심이 갔던 것 같습니다. 특히, 코로나19로 인하여 유치원 내원이 많이 제한되어 아이들의 유치원 생활을 궁금하셨던 터라 더 좋아하셨습니다. 영상을 본 사랑이들의 부모님들이 감사의 메시지를 보내왔습니다.

"유치원을 안 가도 유치원 현장에 있는 것 같이 느껴져요. 아이들이 정말 즐겁게 놀고 있네요. 감사합니다."

부모님의 이런 반응은 교사와 유아가 놀이에 더 몰입할 수 있는 음악이 되었습니다. 부모님의 칭찬과 격려의 메시지는 음악이 되어 교사와 유아를 춤추게 했습니다.

열세 번째, 안녕, 잘 가! 아기 딱새야!

안녕, 잘 가!
아기 딱새야!

처음 유치원 주방에서 딱새 소리가 들리는 것을 발견한 6월 초, 그리고 20여 일이 지난 요즘, 아침이면 시끌벅적했던 딱새 소리가 많이 줄어들었습니다.

그래서 인터넷으로 딱새의 정보를 찾아본 결과, 알이 부화하고 한 달 정도 뒤에는 다른 곳으로 이주한다는 것을 알게 되었습니다.

'딱새가 이주하기 전에 귀이개 내시경 카메라가 배달되어야 하는데…….' 갑자기 교사의 마음이 바빠졌습니다.

몇일 뒤 금요일, 아이들이 귀가하고 유치원으로 귀이개 내시경 카메라가 배달되었습니다.

교사는 다음 주 월요일에 아이들과 딱새네 집 안을 볼 수 있음에 기뻤습니다.

주말을 보내고 월요일 아침, 새집 안을 볼 기쁨에 일찍 유치원으로 출근했습니다. 그리고 항상 하던 대로 딱새네 집에 노크를 하였습니다. 이렇게 아침 인사로 노크를 하면 딱새도 아침 인사의 답례로 날개짓 소리와 함께 '짹짹짹' 소리를 내주었습니다.

딱새의 소리를 기대하며 "똑똑."
그러나 매일 아침 들리던 딱새들의 날개짓 소리와 '짹짹짹' 소리가 들리지 않았습니다.

순간, 가슴이 뭉클해졌습니다. 그리고 '어떡해!' 탄식이 터져 나왔습니다.

'아! 이별의 순간이구나!' 직감할 수 있었습니다.

'하루만 더 빨리 카메라가 배달되었더라면 좋았을 텐데'와 '사 랑이들에게 어떻게 이 이야기를 전해야 될까?' 고민이 되었습 니다.

교사는 솔직해지기로 했습니다.

"애들아! 오늘은 우리한테는 좀 슬프지만, 딱새들한테는 좋 은 소식이 있어. 한번 들어볼래?"

"네! 뭔데요."

"오늘 아침에 선생님이 딱새들이 잘 있나 보려고 주방 딱새 집에 똑똑 노크를 했는데…… 딱새 소리가 나지 않았어!"

"그럼 딱새가 이사간 거예요?"

"응, 이제 아기 새들이 날 정도로 몸집이 커서 더 넓은 곳으로 이사가야 한대…… 그리고 아기 새들이 나는 연습도 하고 먹 이 잡는 연습도 하고 그래야 할 때가 온 거래."

조금은 섭섭하고 조금은 속상해하는 우리 사랑이들이었지만 그래도 상황을 잘 이해하는 것 같았습니다.

우리 모두 큰 소리로 외쳐주기로 했습니다.

"안녕, 잘 가! 아기 딱새야!"

이번 사랑반에 온 아기 딱새로 인해 만남과 헤어짐까지도 경험한 우리 사랑이들. 한뼘 더 성장한 것이 느껴졌습니다.

하지만 내시경 귀이개 카메라가 하루가 더 일찍 배달이 되었더라면 하는 아쉬움이 남았습니다. 왜 그때 더 빨리 내시경 귀이개 카메라를 생각하지 못했을까 스스로를 자책하기도 했습니다. 그러나 아쉬움은 또 다른 놀이를 만들어 낼 것이라고 위로했습니다. 많이 아쉬웠지만 딱새 가족을 더 넓은 세상으로 보내준 것에 대한 의의를 두었습니다.

열네 번째, 다양한 놀이로 확장

병아리 집을
상자로 만들다

아기 딱새는 유치원을 떠났지만 우리 사랑이들의 놀이는 계속되었습니다.

"나는 병아리를 키워본 적 있어!"
"나도 키워보고 싶어. 그런데 엄마가 병아리는 집 안에서 키우면 금방 죽는대."

병아리에 대한 이야기를 나누던 아이들이 병아리 집을 만들어왔습니다.

"선생님, 여기는 병아리 집인데요. 우유 상자로 미끄럼틀을 만들었어요. 그리고 벽은 땡땡이랑 체크 벽지로 붙여줬어요."

상자 안에
들어간 아이

"이건 병아리 먹이예요. 우리가 색종이를 오려서 넣어줬어요."

"그리고 여기는 병아리 키재는 곳이예요."

"그리고 여기는 병아리 침대예요. 병아리는 모두 세 마리예요. 첫째, 둘째, 세째."

우연의 일치일까? 아기 딱새 공연에서도 아기 딱새가 세 마리였는데…… 우리 사랑이들에게 딱새의 여운이 남아 있는 것 같았습니다.

"저도 병아리가 될래요."

하더니 상자 안으로 쏙 들어가는 사랑이도 있었습니다.

선생님, 저는 이사 안 간
아기 딱새예요

얼마 전 사랑반에서 짝짝이 양말 패션쇼를 한 적이 있었습니다. 그때 걸어놓았던 커다란 현수막 종이를 아이들이 가지고 놀 수 있도록 제공했습니다. 아이들은 큰 종이를 접어 그 안에 들어갈 수 있는 집을 만들었습니다.

"선생님, 저는 이사 안 간 아기 딱새예요."
사랑이들은 놀이 속에서 헤어짐과 아쉬움을 표현하고 있었습니다.

지난 행사
플랭카드로
만든 새집

새집을 만들어
들어가 앉은 사랑이

페이스 페인팅으로
아기 딱새가 된 사랑이

유치원 교실에서 자유롭게 놀이하라고 제공한 페이스 페인
팅을 가지고 놀고 있었습니다.
아이들은 거울로 점점 몰리고 자기 얼굴에 여러 가지 그림을
그렸습니다.

얼굴 전체를 하얗게 칠하는 사랑이, 눈에 동그란 검은색 안경
을 그리고 입을 네모로 그리는 사랑이, 코에 점을 찍고 볼에
수염을 그리는 사랑이, 하얀색 바탕에 빨강과 파랑 무늬를 그
려 넣는 사랑이, 이마엔 고양이 귀를 그리고 수염을 그린 사랑

이, 얼굴에 검정과 파랑으로 열심히 그림을 그려 넣은 사랑이,
손등에 작은 그림을 그려 넣는 사랑이들.
이렇게 열심히 페이스 페인팅 놀이를 하던 아이가 소리쳤습니다.

"와! 너 꼭 딱새 같아!"
그곳엔 정말 딱새처럼 페이스 페인팅 표현을 한 사랑이가 있었습니다.
이마에 딱새의 귀를 그려 넣고, 딱새 눈을 크게 그려 잘 보이게 하고 어깨는 딱새의 날개인 보자기가 둘렀습니다.
"안녕! 아기 딱새야!"

우리는 살면서 많은 만남과 이별을 경험하게 됩니다. 누군가를 떠나보낸다는 것은 아프고 아쉬움이 남습니다. 그러나 아마도 이별 없는 세상은 없을 것입니다. 교사는 겪어야 할 이별이라면 어떻게 이별하는지가 중요하다는 생각이 들었습니다. 그리고 잘 이별하는 방법은 이별의 대상을 충분히 즐기고 추억하며, 마음에 기억으로 남기는 것이라고 생각했습니다. 우리 사랑이들은 한동안 놀이 속에서 잘 이별하는 방법으로 놀이했습니다.

페이스 페인팅 물감 놀이로 새가 되다

이번에
○○○다

"선생님, 이게 뭐게요?"
빨강색 색종이에 구멍을 뚫어 종이컵에 붙여 가지고 온 사랑
이였습니다.
이건 무엇일까요?
아이들의 생각을 읽어보세요.
아이들의 번뜩이는 상상력을
다시 한번 느끼게 됩니다.

아이들의 놀이는 무궁무진합니다.

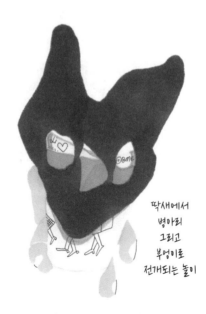

딱새에서
병아리
그리고
부엉이로
전개되는 놀이

윤채 : 6살 10

유아 주도 놀이에는 자발성, 협동성, 창의성, 유희성이 깔려 있습니다. 그래서 유아 스스로 놀이에 즐겁게 참여하면서 스스로 배움의 주체가 되어 탐구하고 깨닫습니다. 지금까지의 경험을 바탕으로 유아 놀이를 관찰하고 유아 스스로 배울 수 있는 놀이를 지원할 것입니다.

유아 주도 놀이를
따라가며 끄적인 후

1장 놀이 관찰 에세이를 마치며

2019 개정
유아중심 놀이중심
교육과정에 대한 생각

상자를 부수며 자신의 분노를 표출하던 아이를 보며 전 고민을 했었습니다. 그러나 Why Not? 본드를 통째로 플라스틱 통에 부어 섞는 놀이를 하는 날 저는 아이를 통제하였습니다. 그러나 Why Not?

놀이의 주인인 아이의 행동과 놀이를 존중한 순간 놀이는 더 확장되고 더 다양해졌습니다. 저는 아이들의 놀이를 통해 배웠습니다. 놀이를 통한 배움 공동체에서는 일방적인 알려줌은 없었습니다.

우리의 인생도 그럴 것입니다. '나'라는 원형의 틀을 깨지 않으면 답답하고 이룰 것도 적을 것입니다. 하지만 그 틀을 깨고 실패도 고민도 하게 되면 어느덧 내가 하고 있는 것들은 다양해질 것입니다. 아이들은 교사보다 먼저 그것을 알고 있었고 놀이를 통해 교사에게 알려주었습니다.

2019 개정 유아중심 놀이중심 교육과정도 그렇습니다. 교사가 인식하고 있는 놀이에 대한 틀(놀이의 형식, 시간, 공간, 방법 등)을 깨어야 할 것입니다. 그러면 놀이는 더 다양하고 풍부해질 것입니다.

교사는 유아를 관찰하고 유아 스스로 배울 수 있는 놀이를 지원하며 적절한 시기에 추임새를 주어 놀이를 더 흥이 나게 하여야 할 것입니다. 이러한 교사의 역할은 유아의 전인 발달과 행복을 도울 것입니다.

유아 주도 놀이에 대한
교사의 마음가짐

한 영상을 글로 소개하며 《WHY NOT? 유아 주도 놀이를 따라가며 끄적이다》를 마무리하려고 합니다.

이 영상은 '한 여성이 어떤 할아버지와 버릇없는 작은 꼬마를 따라갔습니다. 그러나 그 할아버지가 여성에게 이런 말을 할 줄 예상하지 못했습니다.'라며 시작합니다.

이야기의 시작은 이렇습니다. 한 여성이 슈퍼마켓에서 할아버지가 말 안 듣는 손자를 데리고 쇼핑하는 것을 봤습니다. 할아버지가 식료품을 고르는 동안 세 살된 손자는 사탕을 사 달라며 울었습니다. 비스킷 판매대에 가서 비스킷을 사 달라고 울었습니다. 다른 판매대로 가자 손자는 과일과 시리얼을 사 달라고 울었습니다.

할아버지는 쇼핑 내내 침착함을 유지하면서 말했습니다. "침착해 윌리엄. 우린 이곳에 오래 있지 않을 거야, 침착해." 하지만 손자는 계속 울며 소리를 질렀습니다. 할아버지는 말했습니다. "괜찮아 윌리엄. 몇 분 후면 여기서 나갈 거야. 조금만 더 참아." 계산대 앞에서 이 악동은 카트 안의 물건을 던지기 시작했습니다. 할아버지는 침착한 목소리로 말했습니다. "윌리엄 윌리엄, 침착해. 화내지 말고 5분 만에 집에 갈 거야."

여성은 이 모습을 보고 감동했고 주차장까지 따라갔습니다.

그녀는 할아버지에게 말했습니다. "내 일이 아니긴 한데 정말 놀라워요. 애를 어떻게 그렇게 잘 다루시죠? 윌리엄은 당신 같은 할아버지가 있어서 좋겠어요."

할아버지는 간단하게 대답했습니다. "고마워요! 하지만 윌리엄은 나요! 저 애 이름은 케빈이지." 여성은 조금 놀랐지만 곧 알게 됐습니다. '저 할아버지는 손자를 다루고 있었던 게 아니라 자기 자신을 다루고 있었구나!'

영상이 끝날 즈음에는 이러한 문구가 나옵니다.

**당신의 생각을 통제하지 못하면
하는 일 또한 통제하지 못합니다.**

저는 이 책에서 교사가 놀이 지원을 성찰하는 부분이 영상 속 할아버지가 자기 자신을 다루고 있는 것과 조금은 비슷하지 않을까 생각이 듭니다. 영상 속 할아버지처럼 놀이중심 교육과정을 실천하고 있는 교육 현장에서 유아는 놀이를 주도하고, 교사는 놀이를 지원하며, 기록하고, 성찰하는 모습이었으면 좋겠습니다.

부록

① 본문 삽화에
모티브가 된 사진들

② 개정 누리과정 5개
영역 한눈에 보기

부록1 본문 삽화에 모티브가 된 사진들

52쪽: 개미 관찰이 더 재미있어요

55쪽: 상자에 벌레가 있어요

62쪽: 아이들이 함께 만든 햄스터 하우스

70쪽: 테이프로 상자 꾸미기

72쪽: 혼자 눕는 집 만들기

74쪽: 나는야, 몬드리안입니다

75쪽: 상자로 작품 전시대 만들기

76쪽: 나만의 방법으로 집을 만들어요!

77쪽: 붓 펜으로 친구들을 그려줄래요?

78쪽: 상자의 놀라운 변신

78쪽: 상자의 놀라운 변신

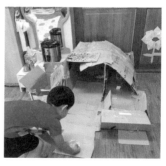

82쪽: 상자를 이어 방 두 칸짜리 집 만들기

83쪽: 상자로 만든 작품 의도 이해하기

87쪽: 왜 상자를 잘라야 했는지 알겠어!

90쪽: 동물원을 만들었어요!

90쪽: 동물원을 만들었어요!

92쪽: 육식 공룡은 배고프면 사나워져요

93쪽: 지난번 축제에 가서 봤어요

94쪽: 나는 달팽이예요

96쪽: 인형 집을 만들던 여자아이들이 직접 들어갈 수 있는 집을 만들다

99쪽: 이 집은 복도형 아파트입니다

107쪽: 미안해! 선생님이 잘못 생각했어!

111쪽: 인기 폭발! 목공 본드 섞기 놀이

135쪽: 딱새야, 반가워! 환영해!

135쪽: 딱새야, 반가워! 환영해!

139쪽: 딱새네 집 꾸며주기

139쪽: 딱새네 집 꾸며주기

150쪽: 완성된 딱새 응원가와 딱새 자장가

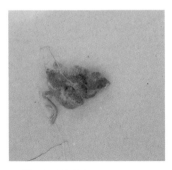

154쪽: 어? 이게 뭐지?

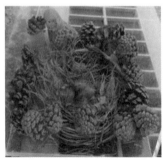

156쪽: 선생님, 제가 만든 새 둥지가 있잖아요

162쪽: 주무관님, 우리 딱새네 집에 놀러가고 싶어요

164쪽: 딱새가 벌을 먹을 수 있을까?

168쪽: 아기 딱새 모자 만들기

172쪽: 첫 번째 공연, 아차, 초대장을 안 만들었잖아

174쪽: 동극 소품을 만들어야지!

178쪽: 내가 만든 꽃병

195쪽: 4차 '사랑반에 온 아기 딱새' 공연

195쪽: 4차 '사랑반에 온 아기 딱새' 공연

197쪽: 4차 '사랑반에 온 아기 딱새' 공연

206쪽: 안녕, 잘 가! 아기 딱새야!

209쪽: 병아리 집을 상자로 만들다

210쪽: 선생님, 저는 이사 안 간 아기 딱새예요

213쪽: 페이스 페인팅으로 아기 딱새가 된 사랑이

214쪽: 이번에 ㅇㅇㅇ다

신체운동·건강		의사소통		사회관계		예술경험		자연탐구	
신체활동 즐기기	신체를 인식하고 움직인다.	듣기와 말하기	말이나 이야기를 관심 있게 듣는다.	나를 알고 존중하기	나를 알고 소중히 여긴다.	아름다움 찾아보기	자연과 생활에서 아름다움을 느끼고 즐긴다.	탐구과정 즐기기	주변 세계와 자연에 대해 지속적으로 호기심을 가진다.
	신체 움직임을 조절한다.		자신의 경험, 느낌, 생각을 말한다.		나의 감정을 알고 상황에 맞게 표현한다.				궁금한 것을 탐구하는 과정에 즐겁게 참여한다.
	기초적인 이동운동, 제자리 운동, 도구를 이용한 운동을 한다.		상황에 적절한 단어를 사용하여 말한다.		내가 할 수 있는 것을 스스로 한다.		예술적 요소에 관심을 갖고 찾아본다.		탐구과정에서 서로 다른 생각에 관심을 가진다.
	실내외 신체활동에 자발적으로 참여한다.		상대방이 하는 이야기를 듣고 관련해서 말한다.						
			바른 태도로 듣고 말한다.						
			고운 말을 사용한다.						
건강하게 생활하기	자신의 몸과 주변을 깨끗이 한다.	읽기와 쓰기에 관심 가지기	말과 글의 관계에 관심을 가진다.	더불어 생활하기	가족의 의미를 알고 화목하게 지낸다.	창의적으로 표현하기	노래를 즐겨 부른다.	생활 속에서 탐구하기	물체의 특성과 변화를 여러 가지 방법으로 탐색한다.
	몸에 좋은 음식에 관심을 가지고 바른 태도로 즐겁게 먹는다.		주변의 상징, 글자 등의 읽기에 관심을 가진다.		친구와 서로 도우며 사이좋게 지낸다.		신체, 사물, 악기로 간단한 소리와 리듬을 만들어 본다.		물체를 세어 수량을 알아본다.
	하루 일과에서 적당한 휴식을 취한다.		자신의 생각을 글자와 비슷한 형태로 표현한다.		친구와의 갈등을 긍정적인 방법으로 해결한다.		신체나 도구를 활용하여 움직임과 춤으로 자유롭게 표현한다.		물체의 위치와 방향, 모양을 알고 구별한다.
	질병을 예방하는 방법을 알고 실천한다.				서로 다른 감정, 생각, 행동을 존중한다.		다양한 미술 재료와 도구로 자신의 생각과 느낌을 표현한다.		일상에서 길이, 무게 등의 속성을 비교한다.
					친구와 어른께 예의바르게 행동한다.		극놀이로 경험이나 이야기를 표현한다.		주변에서 반복되는 규칙을 찾는다.
					약속과 규칙의 필요성을 알고 지킨다.				일상에서 모은 자료를 기준에 따라 분류한다.
									도구와 기계에 대해 관심을 가진다.
안전하게 생활하기	일상에서 안전하게 놀이하고 생활한다.	책과 이야기 즐기기	책에 관심을 가지고 상상하기를 즐긴다.	사회에 관심 가지기	내가 살고 있는 곳에 대해 궁금한 것을 알아본다.	예술 감상하기	다양한 예술을 감상하며 상상하기를 즐긴다.	자연과 더불어 살기	주변의 동식물에 관심을 가진다.
	TV, 컴퓨터, 스마트폰 등을 바르게 사용한다.		동화, 동시에서 말의 재미를 느낀다.		우리나라에 대해 자부심을 가진다.		서로 다른 예술 표현을 존중한다.		생명과 자연환경을 소중히 여긴다.
	교통안전 규칙을 지킨다.		말놀이와 이야기 짓기를 즐긴다.		다양한 문화에 관심을 가진다.		우리나라 전통 예술에 관심을 갖고 친숙해진다.		날씨와 계절의 변화를 생활과 관련짓는다.
	안전사고, 화재, 재난, 학대, 유괴 등에 대처하는 방법을 경험한다.								

출처: 〈2019 개정 누리과정 해설서〉

바깥놀이를 하다
매미소리를 찾아
이 나무
저나무를
다니는 사람이들

"여기 매미 있다."
"우리, 저기도 가자."
"저기도 매미 소리 나?"

"와! 매미다!"
"매미가 날아간다."
"어디로 갔지?"

오늘은 매미가 보물입니다.

유아 주도 놀이는 계속 이어집니다.